愿你把时光轻靠，
淡定静好

安馨平◎编著

中国·广州

图书在版编目（CIP）数据

愿你把时光轻靠，淡定静好 / 安馨平编著. — 广州：广东旅游出版社，2015.11
ISBN 978-7-5570-0199-5

Ⅰ．①愿… Ⅱ．①安… Ⅲ．①人生哲学－通俗读物 Ⅳ．①B821-49

中国版本图书馆CIP数据核字(2015)第217585号

出 版 人：刘志松
策划编辑：陈晓芬
责任编辑：陈晓芬
封面设计：刘红刚
内文设计：冼志良
责任技编：刘振华
责任校对：李瑞苑

愿你把时光轻靠，淡定静好 Yuan Ni Ba Shiguang Qingkao Danding Jinghao

广东旅游出版社出版发行
（广州市越秀区环市东路338号银政大厦西楼12楼）
邮　编：510180
电　话：020-87348243
网　址：www.tourpress.cn
印　刷：深圳市希望印务有限公司
（深圳市坂田吉华路505号大丹工业园A栋二楼）
开　本：889mm×1280mm　32开
字　数：140千字
印　张：7
版　次：2016年9月第1版第2次印刷
印　数：5001-8000册
定　价：29.80元

【版权所有　侵权必究】
本书如有错页倒装等质量问题，请直接与印刷厂联系换书。

目录

序 /1

推荐语 /3

Part 1 择我所爱，我心我素 /1

想让生活、工作简简单单，没有那么多条条框框，只要遵循一条真理：真心做自己喜欢的事，倾听内心深处的声音。人生有很多种可能，即使走的路跟他人不太一样，也不一定是什么坏事。

别把时间浪费在你没有兴趣的事上 /2
工作不只是谋生，还有快乐 /7
梦想一个接着一个，就这么任性 /11
偶尔的小小放纵 /15
总有人做着不需要被人理解的事 /18

Part 2 别满世界找爱，却忘了爱自己 /23

你的幸福，该负责任的只有你自己。只有接受了自己，你才能接受对方的爱，才能感知这个世界上美好幸福的存在。当你向内爱自己时，意味着你向外敞开了心扉。一个不爱自己的人，在阻碍自己通往内心的同时，也关闭了通往世界的大门。

只有接受了自己，才能接受对方的爱 /24
其实，你就是这么好 /28
你的过去我来不及参与，你的未来我奉陪到底 /35
幸福不是努力去爱，而是安心地生活 /39
离开谁，你都会活得很好 /45
不要将自己的未来托付给不可知的他人 /48

Part 3　**我们都被这个世界温柔地爱过**　/57

　　与其抱怨世界如此险恶，不如把心态放平一点，你会发现很多简单美好的小事，比如黑暗里的一缕阳光、旷野上的一朵小花、亲友的一声问候……都是世界对我们温柔的馈赠。虽然它们琐碎而平凡，却能让我们遇见生命的辽阔，愿我们都能好好生活，淡定静好。

纵使岁月老去，唯爱与生活不可辜负　/58
每个人心里都有一位塔莎奶奶　/65
陌上相遇，轻问一句：你还好吗　/69
别以爱之名说为孩子好　/74
岁月流逝，还好有朋友你　/85
淡定静好，把时光轻靠　/91

Part 4　**这一辈子，做一个自己喜欢的自己**　/97

　　"人生的真谛就是活得更像自己"，可惜很多人被他人否认的目光扰乱了内心的平静，失去了自我。人活一辈子，不必一味讨好别人，愿你成为自己喜欢的样子，以自己喜欢的方式过一生。

做一个自己喜欢的自己　/98
别总是自己跟自己过不去　/103
每个人都有自己的了不起　/107
如若输得一败涂地，给自己点赞　/114
不要动不动就说自己老了　/118
生活不必一味讨好别人　/121

Part 5　站在岁月之巅放牧心灵　/127

　　在这喧闹的凡尘，我们都需要有适合自己的地方，用来安放灵魂。只要是自己心之所往，都是驿站，为了将来启程不再那么迷惘，以风的执念求索，以莲的姿态恬淡，盈一抹微笑，将岁月打磨成人生枝头最美的风景。

不要跟消耗你的人在一起　/128
沉得住气，世界就是你的　/130
心灵有家，生命才有路　/134
把你的负能量一键删除　/141
大多数幸福是不花钱的　/146
宽恕他人，原谅的是自己　/153
向生活摆出喜悦的姿态　/156

Part 6　聆听那些禅语佛道，过好此生　/165

　　听了那么多道理，为什么依旧过不好这一生？因为生命的禅意不在一经一卷中，而在一呼一念里；心态的超凡不在一字一句中，而在一言一行里。

大度看世界，从容过生活　/166
修炼，就是借完善自己抵达幸福　/176
谁对谁错，万般皆是因果　/184
小时候听过的故事里的小和尚　/187

跋　/193

序
世界上所有的美好

世界上所有的美好都与心相关，没有例外。

所谓阳明山中观花，所谓此心安处即吾乡。

阳明南镇观花，友人以花直问，花自开落，与心无关。阳明答曰：你未看此花时，此花与汝心同归于寂；你来看此花时，则此花颜色一时娇艳，明白于心，便知心外无花。

东坡见好友王巩贬谪岭南经年尤胜当年，面如红玉，毫无雾霾之相，试问为何。巩笑之，请妾柔奴献歌代答。柔奴自作清歌传皓齿，笑时犹带岭梅香。东坡弱弱地问，岭南应不好？柔奴答道：此心安处是吾乡。

世事如此，人亦如此，女人尤如此，女人所有的美好都与心相关，美存乎于心，好亦存乎于心，所有美好的女人都安好了一颗心。

心如明镜台，天地倒影在心。

这一生为何而来，说到底是为了修心和安心。

当明乎此理，已经活了很多年，少了头发，多了皱纹。又落花时节，经友人介绍，认识了安馨平女士。女士言笑晏晏处，我脑际萦绕"安心"两字。

后每见"安心"女士，皆觉其万紫千红总是春，便是人间好时节，一派荣辱不惊悠然见南山的样子，信其为人间修行者，炼心者，心无旁骛的红尘碧莲。

果不其然，女士出版了第一本心灵书《在生命剧场中修行》，皆锦文隽语，灵性文字，于工作、生活、情爱中禅悟妙觉。现在拟推出第二本心灵书，是为续篇。笔锋一转，主旨更倾向于从修行到修心，从大河奔流的世事返归小溪潺潺的心灵。慈心若兰，以己度人，愿天下女人修炼内心，臣服内心，外无所住，内生慧心。把时间当朋友，将时间活成闪耀着金子般光芒的时光，夜行自带一盏心灯，与世界温情相拥，淡定静好。

即使势如猛虎，然则心嗅蔷薇。

自玲珑，向群芳，不慕春光，不染凄凉。

这是灵魂有香气的女人的精进和禅定，这是女人所能抵达的最幸福一生。

奉嘱作之，是为序，亦是明心的一次拂拭。

出版人　刘志松

推荐语
阅读分享，智慧人生

　　透过热爱文字的安馨平的文字，可以看得出，她正试图把空间和时间调整到同一节奏上，并且努力在把时间和空间变成一种生活的象征，文字或正浓缩和稀释着她的生活时间和空间。
　　——杨克（著名诗人，广东省作家协会专职副主席，《作品》杂志社社长）

　　如果人生如戏，为什么不演一出有意思的戏？如果人生是游戏，为什么我要安安稳稳什么怪都不打，什么副本都不沾，什么队都不组，就在这个地图里老老实实地走80年用完系统时间，然后挂掉？这世界哪里有求"安安稳稳"的戏？岁月静好，我的爱对你说。
　　——陈洁明（中国音乐家协会流行音乐学会副主席，广东省流行音乐协会常务副主席兼秘书长，《我的爱对你说》叶倩文演唱，陈洁明词，李海鹰曲）

　　岁月静好，无论是从故乡到远方。时光碎片，愿你把她轻轻靠。我是一个媒体从业者，习惯于按媒体人特有的时间表穿行于春夏秋冬，冷暖在心，岁月淡然。
　　——李贺（作家、媒体人，《从故乡到远方》作者）

和馨平相识于一场钢琴独奏音乐会，演奏者是我的纪录电影《钢琴梦》的主人公吕昊城。记得中场休息时馨平向我娓娓道出她对昊城的音乐的感受：昊城是在用生命演奏！他的音乐让人激情澎湃，每个音符都是鲜活的、灵动的，让人似乎能听到他灵魂深处的呐喊、矛盾、吟诵、苦痛和挣扎后的静谧与和谐……馨平对昊城的音乐的独到体味直抵我心怀。音乐会后我们一行去见了昊城，馨平拥抱了昊城和昊城的妈妈殷红，并道出她对昊城钢琴演奏的由衷的喜爱和感动！

在广州夜晚幽静的小路上我和馨平的交谈很有一种意犹未尽之感。知性、感性、独立、柔情在馨平身上兼容并蓄。也许我们彼此都有一种一见如故、相见恨晚的感觉……再看到她的这些感悟人生的文字，我体味到了一种淡淡的馨香和致远的宁静，一如她的名字：馨平！

人生有诗还有远方，愿与你共勉，馨平——我的友人！

——韩君倩（国家一级导演，代表作《钢琴梦》荣获金鸡奖和华表奖，最新作品长篇系列纪录片《乡愁》）

细细品味，美文如斯，令人荡气回肠！宛如大珠小珠落玉盘轻叩心扉、直指灵魂，又若雨后彩虹激扬意气、开启智慧。

要好好领略您企及的高度、涉猎的广度，寻回最温暖、最触动以及最能引领人们走出迷思的感悟，与您分享，也分享给更多的人。

——李依林（制片人，代表作《乡愁》《电影大师谢晋》《城市穿行者》等）

和作者的第一次聊天，我就被她敏捷的才思所惊讶，一个在企业从事人力资源的管理者，话语在云淡风轻中有哲理而又不失文艺范。今天，作者把微信上的所感所想汇编成书，我和读者一起分享她的才情。字里行间，看似写意，实则写心；看似不经意，实则有禅意。

——谭天玄（知名媒体人）

我们对天空之上的认识，远比大地之下多；我们对别人的认识，远比自己多。我们学了太多知识，却没学到智慧；我们一直想去远方，却不知身在何处。滚滚红尘，人来人往，馨平每日美文，让人心安。心安处，便是故乡，便是天堂。

——王其进（文学编辑）

作为"微友"，有幸常读到安馨平的励志箴言、哲理小品！作者精心创作并结集出版，实可喜可贺也！人生路上，谁没遇到尘世纷扰问题困顿？生活的迷茫、情感的惶惑、职场的紧张，或会压得你喘不过气来！一卷在手，小言论大道理娓娓道来，深入浅出，帮你舒缓压力，启发感悟，使你茅塞顿开，为你提供动力，激励征程！

——一木哥（好友，资深电信人）

文字是静美的，音乐是响亮的；文字写出心声，音乐则唱出感动。无论哪种方式，都寄托着人们对美好生活的向往和期待。每个人都可以站在属于自己的舞台中央，用美去爱及他人、抚慰人性并温暖世界，岁月静好！祝福馨平！

——杨洪（广东省营销学会会长）

稍有情怀的人在诡谲的职场中都难免内心纠结与焦躁,馨平女士是罕有的能把职场理性与生活智慧无缝融合,在积极进取与从容恬淡之间进退有度,在甚嚣尘上的世俗红尘中不迷失心灵家园的人。

——熊智辉(未来电视CEO)

从微博到微信,多则近千字,少则几十言,近六年来从未间断过,每天都会如约而至,安馨平以其对生活细腻的感悟、对世间情怀的执著深深地打动了我和身边的人,更难能可贵的是,作为一个职场人却有着远高于职场人的情怀,品味着其优美、恬静、平实的文字,总给人以心灵的满足和心绪的极大释放:关于事业、关于幸福、关于岁月、关于理想、关于父母、关于自己、关于生命、关于健康……话题涵盖了生活的方方面面,既有对热点事件的理性解读,也有对平凡小事的深刻感悟,像一杯杯清茶沁人心脾,没有说教,没有华丽辞藻,字里行间却洋溢着满满的正能量,这正是每一个职场人、打拼者不可多得的养心良方……暖暖的午后,捧一杯清茶,走近安馨平,走进我们期待已久的精神家园……

——谢华(中国联通学院常务副院长,人力资源专家)

大千世界、芸芸众生,一生中遇到你从心里欣赏的人没有几个。而她,本书的编者安馨平,却能让人欣赏不已!众里寻他千百度,蓦然回首,那人却在灯火阑珊处。我想,这种描述恰到好处。我与馨平的相识是冥冥之中的不期而遇,从那刻开始,我总会抽一些时间看她的微博和微信。令人敬佩的是,她每天都会在自己的朋友圈里发自己原创的或者改编的,但都是励志感人的、正能量的微信,风雨无阻、从不间断。

　　文学、心理学、教育学、管理学等交叉科学的熏陶给予她坚实的理论基础；大型企业人力资源高管的工作赋予她丰富的实践经验。这本书是她的心路历程，这本书是她的人生感悟和多年的智慧结晶。翻开这本书，轻描淡写、娓娓道来，却犹如品一杯清茶，越品越有一股淡淡的清香，久久不会散去……让我们通过这本书来把时间轻靠，做到淡定静好吧！

——雷鸣（华南理工大学教授）

　　自己就是自己的圣殿，自己就是如初的生命，这些温润美丽的文字一如作者，带着你看到自己原本是多么美好的圣物，感谢安馨平。

——汪清（同窗好友）

　　一位耕耘于字里行间的知性美女，用她独特看世界的慧眼，将每一位读者引领回归恬静的心灵田野。馨平用岁月来锤炼她的刻刀，在文字里雕刻时光，让心灵之花绽放……

——全挚（珠宝玉石的行者、艺术鉴赏家）

Part 1

择我所爱,我心我素

想让生活、工作简简单单,没有那么多条条框框,只要遵循一条真理:真心做自己喜欢的事,倾听内心深处的声音。人生有很多种可能,即使走的路跟他人不太一样,也不一定是什么坏事。

别把时间浪费在你没有兴趣的事上

🐌 畅流

心理学家西卡森特米哈伊对做自己感兴趣的事、不求名利的人进行了研究,这些人包括棋手、登山人、舞者、作曲家等。研究发现,他们投入活动时乐此不疲,尽管这种乐趣亦来自痛苦、冒险及困难的活动。这种充实、满足的感觉就是我们常说的"酣畅",亦被称"畅流"或者"飘"。

每个人都有潜力得到"飘"的体验。当人们处于飘的状态时,就容易对周围发生的事情失去感知,其思想很少与当前任务之外的其他事情有关,或者完全没有关系。以下是产生畅流的几项基本要素:

1. 沿途的每一个步骤都有清楚的目标,知道需要完成什么。

2. 个人的行动能及时回馈。在进行活动时你行动的成功和失败的及时反馈是明显的,这样你的行为和决定才可以根据需要进行。

3. 挑战与技能之间的平衡。日常生活中,若技能远不如挑战,我们就会感到沮丧、焦虑；若技能远超乎挑战，我们就会感到无聊。因此，挑战与技能旗鼓相当，彼此间的互动才能达到平衡。

4. 行动与知觉结为一体。注意力集中在我们所做的事情上。挑战与技能搭配紧密，就需要心神专一，而且目标明确，并有不断的回馈才有可能。

5. 心无旁骛。只意识到此时相关的事务，密切专注于目前的结果，将我们日常生活中的焦虑、压抑与恐惧一扫而光，因为我们已经进入酣畅状态了。

6. 不担心失败，全神贯注，全力投入，没有掌控，没有占有，没有执著，也就没有所谓的失败。

7. 自我意识消失，全力投入当下的事情，而不在意自我防卫。自己已经跨出自我的范围，暂时成为更大实体的一部分。音乐家感觉与宇宙合为一体，运动员与队伍步伐一致。

8. 对时间的感觉扭曲，你根本注意不到时间正在流逝。

9. 活动变得自发导向，亦即事物本身就是目的。生命中大多数的事情是外在导向式的，如果工作与家庭生活都变成是自发导向式的，生命就不会有任何浪费，每一件事情本身也就有了属于它的价值。

🐌 人生的五位老师

1. 知识——是命运的口袋，它教你怎样改变人生。
2. 兴趣——是你最好的老师，它教你追求自己的理想。

3. 努力——是前进的阶梯，它教你用汗水赢得成果。

4. 乐观——是好心情的加油站，它教你怎样笑傲人生。

5. 自信——是成功的基石，自信＋努力＝成功。

为兴趣而学

大多数父母都是在以自己所处的时代的价值观来期待孩子的未来。兴趣是最好的老师，现在"不做自己喜欢的事是不会成功的"的时代已来临。这是一个不断创造新职业的时代，只要孩子对某一领域产生浓厚的兴趣，就要鼓励他不断学习和深入。即使在那个领域成就不了一番事业，那也至少可以让孩子懂得追随自己的内心、承担责任并勇敢地成为真正的自己。

时间

静下心才能改变对时间的感受，甚至真的会改变时间的流速。就像在棒球场上，一个时速一百多公里的球，对我们平常人来说，根本看不到，但是在经过训练又专注的选手眼中，那是一个缓慢飘在半空中的巨球。

心理学上常提到高峰体验。在那神奇的时刻中，通常会伴随着时间感的消失，也许在真实世界已过两三个小时，你却觉得是一瞬间的事。当然你也有可能觉得在那物我两忘的状态中好像过了一辈子，可是在别人眼中也许你只是恍惚了几秒钟。

永无止境的信息与不断迎面而来的事物，将我们的心灵切割得破破碎碎，我们很难专心花时间在同一件事情上。

正如《小王子》一书中提到的："你为你的玫瑰所花费的时间使你的玫瑰花变得那么重要。"如果我们快速完成一件事，那件事情在我们心中也就没那么重要。在这个连感情都追求速成的时代，许多珍贵与美好的感受也不复存在。

面对快节奏的生活，人们想到的解决方案是时间管理。其实时间是无法管理的，因为时间不是我们的，时间也不能"节省"，因为我们无法存下没用完的时间，我们只能活在每个当下，在每个瞬间迎向每个机缘，或透过分享促成每个因缘的发生。

德国儿童文学家迈可·安迪写的童话《默默》（也翻译为《梦梦公主》），讲的是有个专偷时间的人，鼓励每个人尽量节省时间，于是每个人开始追求效率，也愈来愈忙碌。奇怪的是，不管人们省下多少时间，却总是没空，那些省下来的时间居然都神秘地消失，而且在节省时间的过程中，每个人的生活愈来愈贫乏、空白而单调。

这个童话故事一直提醒我，时间的意义主要在于运用，时间不是供人节省而存在的。其实时间就是生命，生命停驻在人们心中，人们省得愈多，失去的也愈多。是的，我们的这一生，要慢慢来。

热爱

有人问一个哲学家，爱情是什么？哲学家让他去找一个最好的麦穗后，再告诉他答案。这个人到麦田里就开始找最好的麦穗，他看到麦穗第一眼，就以为找到最好的了，所以欣喜若狂。可他没走远，就发现一个比原来更好的麦穗。他在麦田不断地寻找，总发现有一个比他手里拿的更好，于是不断把手上的放下拿另外一个，当他把整片麦田都走完时，才发现最后一个还不如他前面选的。回来后，哲学家告诉他：这就是爱情。

这个小故事告诉我们，诱惑我们的不是现在手头拥有的，而是缥缈无际的那个想象。所以人生，就是要把握现在，不要被幻想动摇。热爱就是发生在当下，而不是未来。如果我们老是把热爱看成是未来的事，我们就不可能得到应该的幸福，不会享受爱别人的那种快乐。因为你想象的都是遥不可及的那一个麦穗，而不去欣赏当下的麦穗。也就是说，热爱本身，在于自己调动自己的心，调动自己的潜能。

境由心生

一个人的处境是苦还是乐经常是主观造成的。

有人安于某种生活，有人不能。因此，能安于目前处境的人不妨就如此生活下去，不能的就要努力另找出路。你无法断言走到哪里才能成功，也无法肯定当自己到达了某一点之后会不会快乐。有些人永远不会感到满足，他的快乐就建立在不断地追求与争取的过程中，因此，他的目标不断地向远处推移。这种人的快乐可能少，但成就可能大。

拥有万卷书的穷书生，并不想和百万富翁交换钻石或股票。满足于田园生活的人也并不羡慕任何学者的荣誉头衔与高官厚禄。

你的爱好就是你的方向，你的兴趣就是你的资本，你的性情就是你的命运。各人有各人理想的乐园，有自己乐于安享的内心世界。

工作不只是谋生，还有快乐

🐌 工作道

只要你热爱，不管是什么工作都会让你感到快乐。原因就在于，你找到工作的基点。让你快乐的基点是：知足，安住于此。因为知足，你才会安住；因为安住，你才会快乐；因为快乐，你才会有热爱的乐趣。只有你在耕耘的努力中，心的安住才能有快乐的源泉，才能使工作熟能生巧，进而达到工作本身的"道"。只有掌握工作道，了解它所有的奥秘，你才会进入痴迷的状态，在精益求精的路上享受工作中的突破。突破什么？突破苦关和格物（就是分析事物，把事物的本质、规律找出来）之乐，而成为这一方面的专家，从而使你成为格物之中的乐者。

快乐工作之道

1. 别把工作当负担，与其生气埋怨，不如积极快乐地去面对。当你把工作当作生活和艺术时，你就会享受到工作的乐趣。

2. 遇事不要急躁，不要急于下结论，尤其生气时不要做决断，要学会换位思考，大事化小、小事化了，把复杂的事情尽量简单处理，千万不要把简单的事情复杂化。

3. 这个世界，有两件事我们不能不做：一是赶路，二是停下来看看自己是否拥有一份好心态。好心态是一生的好伴侣，让人愉悦健康。

4. 管好自己的嘴，讲话不要图一时痛快、信口开河，"良言一句三冬暖，伤人一语六月寒"，说话要用脑子，敏事慎言，话多无益，不扬人恶，自然就能化敌为友。

积极选择

1. 要想成为一个快乐成功的人，最重要的一点就是记得随手关上身后的门，学会将过去的错误、失误通通忘记，不要沉湎于懊恼、悔恨之中，要一直往前看；时光一去就不复返，明天又是新的一天，不要使过去的错误、失误成为明天的包袱。

2. 现代人总结成功的几大要素：正确的思想、不懈的行动、良好的性格、娴熟的技能、天赐的机会、宝贵的健康。可见，想取得成功，不仅要吃"苦中苦"，还要相关条件的配合支持，那些光知道吃苦的人，那些吃了不值得吃的苦的人，那些把吃苦当成解决一切问题法宝的人，恐怕只能继续在"苦中苦"的怪圈里徘徊。

3. 海不择细流，故能成其大；山不拒细壤，方能就其高。我们现在做的工作，也许很平淡，也许是鸡毛蒜皮，但这就是工作，是生活，是成就人事不可缺少的基础。对于敬业者来说，凡事无小事，简单不等于容易，平凡不等于平庸。

🐌 成功的捷径

1. 不要停留在心灵的舒适区域。
2. 不要把"好像、大概、差不多、说不定"之类的话放在嘴边。
3. 不要拖延工作。
4. 不要认为理论上可以实施就大功告成了。
5. 不要让别人等你。
6. 不要认为细节不重要。
7. 不要表现得消极。
8. 不要把改善工作能力仅寄托在公司培训上。
9. 不要推卸责任。

🐌 差距

1. 当别人无聊发呆时，你在加班工作或者参加各种学习进修。
2. 当别人为偷工减料窃喜时，你还在埋头苦干一丝不苟。
3. 当别人想着如何找工作时，你在想着当下如何做得更好使以后工作有保障。

4. 当别人抱怨无奈时，你在思考着解决之道。

发现

生活不是生存，不是忙碌，不是两点一线，也不是周而复始。生活是一个态度，是一个决定，是不断争取新的路径，是不断发现新的可能。相信美好总是不期而遇，一如眼前的人和事。

出身和运气是无法选择的，但"一个人的才华和学识是通过努力能够必然获得的东西"。一个人心智能力一旦正常开启，就会发现自己在这个信息唾手可得的世界里，只要正常地努力，并且有耐心和时间做朋友，成为至少某个领域的专家也指日可待。

努力并不会像传说中那么艰苦，只不过是"每天至少专心学习工作一段时间"。耐心却远比大多数人想象得巨大，"要与时间相伴短则至少五年，长则二十年"。

梦想一个接着一个，就这么任性

🐌 梦想成真

《牧羊少年奇幻之旅》是一个讲述梦想成真的故事，牧羊少年在撒冷之王的引导下，历尽千辛万苦一路向南，跨海来到非洲，穿越"死亡之海"撒哈拉大沙漠。他克服意志与心灵上的种种困难，终于在到达金字塔前悟出宝藏的真正所在地！

对此，该书的作者保罗说，梦想如果被扼杀会有三个显著的征兆。

第一，抱怨没有时间。一无所成的人总是叫累，总是抱怨时间太少，对他们应做的事情不屑一顾。事实上，他们是害怕全身心投入梦想的战斗中。

第二，自以为是。这种人不再把生活看作天赐的锻炼机会，而是坐在墙内碌碌无为，还以此为傲。他们甚至看不见那些仍在奋斗的人心中的快乐，对他们而言，最终的胜负并不重要，重要的是他们努力为梦想拼搏过了。

第三，安于平和的假象。生活变成了一个星期日的下午，不知想要什么，也不愿去付出和索取。将童年的梦想置于一旁，当听到同龄人说还想干这个和那个时就会感到惊讶。事实上是自己放弃了为梦想而战，拒绝拼搏。

真正的生活，是被自由与责任无限注入其中的过程。需要一个人勇敢地担当,并不懈地让自身投入到对自由的向往与追求之中,在深刻而真切的自我体验中找到存在的感知与意义。从此你会发现,真正意义上的生活,就是生命本身。

有目标才能实现梦想

　　法国作家蒙田在他的《随笔集》中写道:"一个人若是没有确定航行的目的港,任何风向对他来说都是不顺风。"

　　坚持人生目标是幸运者成功的关键要素。

　　据说哈佛大学曾对一群意气风发的毕业生们进行了一次关于人生目标的调查。结果是这样的:27%的人没目标,60%的人目标模糊,10%的人有清晰较短目标,3%的人有清晰长远目标。

　　25年后,哈佛大学再次对这群学生进行了跟踪调查。结果是这样的:

　　3%有清晰长远目标的人在这25年间朝着一个方向不懈努力,几乎都成为社会各界的成功人士,其中不乏行业领袖、社会精英。10%有清晰较短目标的人短期目标不断实现,成为各个领域中的专业人士,大都生活在社会的中上层。而60%目标模糊的人安稳地生活与工作着,但都没有什么特别成绩,几乎都生活在社会的中下层。剩下27%的人,他们的生活因为没有目标,过得很不如意,并且常常抱怨他人、抱怨社会、抱怨这个世界"不肯给他们机会"。

　　25年前在同一个屋檐下,25年之后的差别却如此之大。差别在哪里呢?

25年前,他们中的一些人就知道人为什么活着。正是带着与众不同的目标和梦想,他们开始了自己有目标、有计划的人生之路。另外一些人,则是不清楚或者是不很清楚自己的目标。

在旅途中,我们的迷茫源于对目标的不确定,甚至不坚定。给自己的人生设定一个目标,你就是一个有希望的、心存美好的人。如果一路再坚持走下去,你赢得的是一个满意的自己,收获的是快乐的人生。

寻找到属于自己的方向

要开创自己不一样的人生,就必须先选定适合自己的方向。

比尔·盖茨,在十几岁的时候就非常清楚自己的方向,他接触电脑,喜欢编程,理想就是创造一个软件王国。经调查,无论怎样优秀的企业家、音乐家还是科学家,他们至少都付出了长达十年以上在某个专业领域的持续努力。

寻找到属于自己的方向,就像为心灵打开了一扇窗,那缕透进来的阳光,能把整个人生照亮。

梦想的力量

李开复说:"不要让任何人告诉你,你的梦想不实际。梦想的目的不是为了实际,而是为了给你的人生带来意义和快乐。"这就是梦想的力量,梦想是让生命更有活力的源泉。

梦想的偏离

梦想在激情中产生，却在平淡的岁月中逐渐丢失，归其因，主要有三个：

第一，目标不明确。如果我们对自己缺乏足够清醒的认识，就不知道自己该设定一个怎样的目标。如果今天一个想法明天一个想法，就可能产生一些不切实际的想法，即便我们很努力地去争取，也会因为目标不明确或者能力太有限使梦想根本无法实现。

第二，意志不坚定。做任何事情都不会是轻而易举的，在通往成功的阶梯上会有很多的坎坷，就像唐僧的取经之路一样，会有很多的困难在等着我们。如果我们的意志不够坚定，很快就会在接二连三的打击和层出不穷的困难面前败下阵来。

第三，路径不正确。虽然我们有了很明确的目标，也有足够坚强的意志，但如果我们选错了路径，我们越努力，可能离目标就会越远。所以我们在追求梦想的过程中，不仅要时刻激励自己，调整自己的心态，还要随时注意调整方向，不要让自己的足迹偏离轨道，不要让自己的努力付诸东流。

梦想的征兆

不是外在的人或事物让我们心情好或不好，而是我们心情创造出外在相对应的人或事物状态。

你的心情就是最好的创造频率，这频率会像涟漪般扩散，与这频率相对应的人或事物会自动进到这频率波中，加大这频率波的显化力量与速度!

简单地说,今天你所遇到的这些人或事物,引发你有着怎样的情绪,就清楚地标明你在哪一层,清楚地显现你此刻的振动频率。如果你还有旧情绪,表示还在旧楼层上继续着你的旧模式。

如果你正在你的梦想之途,现在就会有征兆告诉你——梦想不是未来的某个定点,而是现在就有沿途闪灯的征兆。如果你所设的梦想在今天现况里没有任何对应的征兆,表示这条路的灯都还没打开,或是你又走错路了,将来也不会发生。

偶尔的小小放纵

虚度时光

"打发"一词的意思,其实是把"时间"看成了恶客。英文更绝,干脆把它译为"kill time",斩草除根。由此可以看出现代人有多害怕无所事事。人们用聪明才智提高效率,省出多余的时间,又用 10 倍的聪明才智想办法消灭掉时间。这就像我们嘲讽的现代消费主义,先拼命挣钱,再用这些钱买来一辈子也用不上的玩意儿。我们骗自己相信这些是有价值的——否则,人生的价值又是什么呢？

当我们无所事事时，我们就会感受到虚度光阴的恐慌。时间等于生命，如果我们就这样安静地坐着，生命存在的意义究竟是什么？所以我们只好一刻也不停息，恨不得把每一秒都榨出价值。要么吃饭睡觉，要么工作学习，如果这些都做完了，看见其他人还忙忙碌碌，我们便心生恐慌，于是不自觉地看手机玩电脑，在网络的信息海洋中流连忘返。讽刺的是，最后并没有多少人因此感到充实。

且行且欢喜

吴淡如的这篇美文《行也欢喜，停也快乐》，笔触清新自由，很是喜欢。在她看来，一个不曾独自离家生活过的人，就不容易长大。因为大部分人从一个集体生活投身到另一个，比如住校、结婚、从军……还是要遵循各种规定和制度，倾听别人声音，所以要独立长大。但是当你一个人独自旅行时，就能听到自己最真实的声音。这个声音会告诉你，世界比你想象的宽阔，你的人生不会没有出口。这个声音，不时挑逗心中的渴望，说：走吧走吧，在远方，有一种宝物在等候你撷取，将它放进记忆的盒子里。

最后，你会发现自己有一双翅膀，不必经过任何人的同意就能飞。"说走就走"的潇洒在外人看来有些不负责，但是人生的责任日益沉重，现在若不趁梦想的火未熄，来一场说走就走的旅行，人生就会留下遗憾。

因为在旅行中你遇见很多惊喜，它们是我们平凡人生中的奇迹。一旦你有勇气踏上旅途，到一个陌生的地方，你脸上就会不由自主地绽放出第一朵微笑之花，从此你也许会不可自拔地爱上旅行，去追寻想象中的美丽新世界。

世界如此美好，多想无益，走吧，现在就旅行去！

关于放弃

能够适时地放弃是一种跨越，在你放弃后，你仍能做到简单、从容地活着，说明你越过了生命的低谷。

适时地放弃是需要勇气的，但是在某些时候，人只有在保全自己的情况下，才能更有价值地活着；放弃，有时是为了换取更大发展的空间。

也许，人生就是一个不断放弃的过程，放弃童年的无忧，成全长大的期望；放弃青春的美丽，换取成熟的智慧；放弃爱情的甜蜜，换取家庭的安稳；放弃掌声的动听，换取心灵的平静……

说走就走的旅行

出行，到远方，许多美景都在前行的路上等待着我们去欣赏，但平日奔波忙碌的生活、浮躁不安的心灵，让我们忽视了那个美好宁静的世界。直到心累了，疲惫无以安顿，才想起还有一片安宁之地可以抚慰自己。于是，我们背起行囊走出去，看看山川秀美小城幽静，吹吹海风聆听浪声，体验异国风情文化差异，心随蓝天白云清澈明丽，慢慢感受所有美好的景致，仿佛生命之花重新绽放。

我行我摄

越来越多的人迷上了摄影，哪怕只是用一部小小的手机。

从某种意义上说，捕捉有限的时光，这些照片更能真实地反映一个人的生活状态和生命轨迹。

青春渐老，岁月易逝，留驻一个永恒的影像在自己和别人的记忆里，那是十分有意义的一件事，也是一笔珍贵的财富。无聊时翻出来一一整理，每一张照片背面都记载着一段故事，或甜蜜，或惆怅，把你带入从前的某个好时光。

总有人做着不需要被人理解的事

我心我素

人生最大的自由之一，就是不在乎别人对你的评价。有时，你需要步出熙熙攘攘的人群，呼吸一番新鲜空气，并提醒自己：我是谁？我想成为什么样的人？最美妙的事情就是听从自己内心的呼唤，勇于挑战。不要因担心别人的看法或者畏惧未知的事情而被动

梦想的目的不是为了实际,而是为了给你的人生带来意义和快乐。

时光一去就不复返,明天又是新的一天,不要使过去的错误、失误成为明天的包袱。

接受安乐窝里的选择。只要你去做，一切都会安好！不要让那无关紧要的琐事羁绊自己的思路，误以为自己的梦想太过虚幻，不是那么回事。

生之自由

人生最美妙的事情就是生之自由，勇于挑战。

1. 人生在世，你只有这一次生命可以追逐自己的梦想，去做自己喜欢的事情，坚守自己的梦想，并努力把它实现。

2. 别人的认可只是别人的观点，不要让别人的想法决定你的人生。永远不要忘记自己是谁，不要放弃自己的梦想，因为没有人比你更清楚这些。呵护自己内心的选择，风雨无阻地前行。不经你的允许，没有人可以轻视你。你是自己梦想和幸福的唯一主宰。

3. 唯一值得在乎的是你自己的想法。现实生活中，放弃别人眼中完美的自己，开始起航真正的自我，是一件相当艰难的事情，但也很是意义非凡的抉择。爱好决定梦想，梦想决定行动，行动最终将决定你的命运。

4. 有些人永远不会认可你。不要让别人否认的目光扰乱你内心的平静。这世上有两种人：一种人会消耗你的能量和创造力；另一种人会给你能量，支持你的创造。让自己快乐起来，去做自己想做的人。

5. 每个人生命的旅程和前途是完全迥异的。不要为了任何人轻易改变自己的本质。未来永远是一个谜，不要害怕探索、求知，不要害怕成长。该来的总会来，你只管迈开大步，勇敢前行。

6. 亲身体验通常是成长所必需的。生活的经验只有通过你自己的实践才能转化成你的智慧，让你更加理智地思考，然后朝着正确的方向，更加成熟稳重地前进。

7. 你的直觉无须别人认可。因为直觉已经知道你的梦想，别的一切都是次要的。

8. 生命短暂，经不起等待。面对紧迫的现实，你没有时间可以等待。选择快乐，别再等待别人的认可。

静等花开，让他人说去

1. 总有人会离开你，总有人会不懂你，总有人会忽视你。但你的人生，并不会因为这些人而改变。因为他们只是路人或围观者，而不是你生命的参与者。

2. 走在自己的路上，不管何时，你都只有一个选择：让自己每天都变得更美好一点！这是你应该拥有的每日心情，静静花开，芬芳四溢，其他的让人去说，又如何？

尊重不同

尊重他人与我们的不同，他人在自己的教育里有了自己的价值观，有了自己的生活方式，他们熟悉并运用，活于当下。

尊重他人有自己的命运。对于父母，他们磕磕绊绊，用这种方式活了半辈子，已经难以再改变。我们可以用爱去慢慢融化，但是任何企图改变的心都会成为压力，都在企图改变他们的命运。这让我们成了他们的父母。对于朋友，我们可以说出自己所见所想，但要把命运还给他们，大家都是成年人，都可以为自己选择并为自己的选择负责。

尊重他人的选择。当建议被听到就已经尽了说者的责任，执行不执行都是他人的选择，而不应强迫。如果我们剥夺了他人的选择权，岂不是太残忍了吗？

每个人活着都有自己的生命轨迹。我们不是神，不是圣母，拯救不了任何人。尊重，并允许发生。

选择你所爱，坚守下去

怀抱梦想，坚守下去，你会有三个选择——

1. 选你所爱：不必太在意别人或社会是否看重，用但丁的名言说，就是"走自己的路，让别人去说吧"。

2. 爱你所选：当你没有选择或不容易改变现状时，"爱你所选"的尝试加上积极乐观的态度，会帮你找到光明之路。

3. 忠于兴趣：一旦培养了自己的兴趣，就要珍惜并全力以赴，勇敢执著地坚持下去，一定会有所收获。

Part 2

别满世界找爱,却忘了爱自己

你的幸福,该负责任的只有你自己。只有接受了自己,你才能接受对方的爱,才能感知这个世界上美好幸福的存在。当你向内爱自己时,意味着你向外敞开了心扉。一个不爱自己的人,在阻碍自己通往内心的同时,也关闭了通往世界的大门。

只有接受了自己，才能接受对方的爱

学会爱自己

自爱，与你经历的生活直接相关，可以激发你的生命力，使你更好地去爱他人；也可以开启你的心扉，使你得到更多的爱。

尽管有着多年的教育和生活经历，可还是有许多人未能做到很好地爱自己。

这种巨大的失败通常发生在我们的自我意识深处，隐藏于世界之下，甚至不为那些熟谙我们的朋友所知。这是我们把自己隐藏起来了。

如果我们活着，却不知道爱自己，就如同把自己放逐到一间孤独的、被剥夺了爱的囚室。不幸的是，许多人都对自己很苛刻，都不肯赦免自己，哪怕是假释。

关于爱

爱，首先从爱自己开始！每一棵树都是先让自己成长起来的。

它由根部吸收水分，供给枝叶养分，然后开花，把芬芳献给所有经过的人；结满果实时，分享给所有经过的人。

在你没有充分给予自己之前，你无可给予他人。在你没有足够关照自己的感受之前，你也无法关照别人的感受。没有爱好自己之前，也无法真正去爱别人。在爱中，在喜悦中，你无法不给予，无法不分享，因为给予、分享就是爱的本质。

接纳

"接纳"不等于"同意"。接纳是爱的前奏。没有接纳，爱无法开花。接纳，是开始爱，并且拥抱生命每一时刻给我们的礼物。

爱自己，不是去爱"未来某一天有可能成为的自己"。时间蹉跎，那一直追寻着的"美丽、年轻、健康"一定会渐行渐远。我们只能爱当下真实的自己，接纳自己现在的样子，而不是变成另外一个人。

我们每个人，都是生命的孩子，是这个绚丽奥妙宇宙的一分子。当你拒绝自己的某一部分时，就拒绝了宇宙神奇的创造。作为这个无限存在的一部分，我们的一切都值得被爱，被完全接纳。

女人生活

女人先要读懂自己，弄明白自己这一辈子到底要什么，只有明白自己要什么才知道自己该干什么。

想要得到别人的爱，首先要学会自己爱自己。一个连自己都不爱的女人，别人凭什么来爱你？

　　一辈子能碰到一个真心疼你爱你的男人当然值得你去好好珍惜。倘若遇到不懂得珍惜你的人，你一定要学会放得下。记住，你人生的主角是自己，你永远不能缺少的，是来自自己生命深处的掌声。

　　放眼望去，世界上那些不太美丽又独具特色的女子，最终会磨炼成为魅力优雅的女人。

　　随着年龄的增长，女人更要学会做个享受生活、欣赏人生、品味人生，并且不断探讨人生的优秀女人。保持年轻心态，才能度过完美的人生。

在路上

　　爱一个人最好的方式，就是经营好自己，给对方一个优质的爱人。不是拼命对一个人好，那个人就会拼命爱你。俗世的感情难免有现实的一面：你有价值，你的付出才有人重视。

　　前方，总有一个人会在路口与你相遇。久别重逢的，会告诉你是怎么来到的这里；素未谋面的，会教你放下执念，忘了何故在此，而后往新的地方义无反顾地走去。

　　并不一定每一个相遇都是久别重逢。但你若珍惜，请把每一个久别重逢都当作初遇。

时光

时光就像一个美少女,在低眉浅笑中,就将有些人有些事隔到了光阴的对面。

其实光阴从不曾厚待过谁也不曾亏欠过谁。生活就是一种积累,你若储存的温暖多,你的生活就会阳光明媚;你若储存太多寒凉,你的生活就会阴云密布。放下烦恼与忧愁,带着最美的微笑出发,脚下路在,前方希望在,回眸处爱与温暖一直都在。

徜徉在流年里,没有永远的快乐,也没有永远的伤痛。

累的时候记得停下来歇歇,难过的时候蹲下来抱抱自己,寒冷的日子给自己些温暖,孤独的时候为自己寻一片晴空。

我们都是红尘过客,缘来时你在我心里,缘去时让往事随风,学会好好爱自己。如果你不爱自己,就没有人爱你,你若不坚强,没有人会替你坚强。

其实，你就是这么好

🐌 岁月之花

几十年的光阴，如白驹过隙，我们未曾在一起，亲爱的姐妹们天各一方，也从来不多去回忆当年的青涩姣好面容。因为我们都相信，最美好的岁月永远都是彼此记忆中的过去以及我们当下镜中的自己。

以前觉得人生岁月，貌似有好多期望，却没有一样可以握在自己的手上。

慢慢地，慢慢地，摊开手掌再不是空无一物，虽然失去很多，但总觉得已是沉淀无数。

已为人妻为人母的你们，渐渐成为一棵棵开花的树，成为那个男人心里最敬重的女子，正在理直气壮拥抱快乐时光。

从不相信皱纹可以压倒美丽，从不相信时光能够吞噬美好，从不相信时光增添的只有怨气，更不相信琐碎会带走所有的智慧。

最好的年龄，就是那一天无论你是否鬓角斑白，你终于知道并且坚信自己有多好，不是虚张，不是夸浮，不是众人捧，是内心明明澈澈知道：其实，你就是这么好。

🐌 怀念

爱，是一份执著，一份感怀，它用绝世的唯美，穿越遥远的距离，

穿越时隐时现的岁月，穿越无尽的思念。

那些出现在我们身边的爱的回忆，数不胜数，有时候，一个微笑、一个拥抱、一个话语都足够温暖我们很久。蓖麻、向日葵、湖边的繁星、午夜的箫声，在生命历程中曾经有过那么多散落的片段，一个静止的画面，一份心花怒放的喜悦，甚至一袭黯然神伤的等待，都值得怀念。

岁月，让一切怀念变得更加深沉、清晰并且耐人寻味。这也意味着今天的我们将在红尘的最深处相遇，每一份平淡或者美好的体验都将在生命的路上成为怀念。

厮守

生命有时竟如此脆弱不堪，那些永远离开的，留下的美好却是生活中曾经的琐碎点滴。

其实人世间的挚爱，只有两件事情就可以表达。那就是当你在人生最落魄时，我依然没有离弃你。而当你已经渐渐老去再无美貌时，我依然陪伴着你。这两件事情，没有一样是靠金钱或者浪漫维系的。其实相爱到底，没有那么多条件可计算，无非就是六个字：忍让、相守和信念。

珍惜，还是珍惜，一切眼前人，当下事。

相信自己有多好

不要把你的自信建立在感情之上。有人爱你是好事，没人爱也不代表自己不够好。因为大家最终都会遇到一个可以相伴终身的人，区别只是认识的早晚。

所以一个人的自信应该建立在自己身上，应了那句话：你只负责精彩，上天自有安排。当你相信自己有多好时，你其实就是有多好。因为最美的人生并不是别人怎么看，而是你自己怎么看自己。

独一无二

每个人在这个世界上都是独一无二的，因为你就是你。

1. 你的独特性。

你是不可复制的。重视自己的独特性并不是自负，而是获得快乐和成功的先决条件。你值得在内心绽放出微笑，不是因为你拥有些什么或者做了些什么，而是因为你就是你。

2. 你对自己的感觉。

我们要学会不通过他人的眼光来评价自己。一旦你学会，整个世界都在你手中。你来到这个世界都是为了探寻自己的生活，所以别太担心他人对你的看法。他们的想法没那么重要。重要的是你如何看待自己。

3. 你的直觉。

跟随你的直觉，做那些对你有意义的事情。如果你的思维方式总是和他人一样，你并没有真正在思考。永远不要把你的生命旅程和别人的比较，每个人都会选择不同的道路通向目的地。

4. 你的激情。

去发现你所热爱的事情，不论是什么，不管这些事情能带来什么结果。成为这件事的一部分，也让这件事成为你生活的一部分，即使事情并没有按计划那样进行，你依然朝着正确的方向前进。

5. 你的决心。

当某些事情让你感到害怕时，其实是在给你一个机会，让你变得更坚强更勇敢。没有什么东西是永恒的，只要你擦亮眼睛不断前进，最终就会找到你需要的东西。

6. 你的态度。

在自己身上找到快乐并不总是那么容易，而在别处找到快乐就更不可能。不管我们面对怎样的环境，我们的态度就是我们的选择。

7. 你传播爱和善良的能力。

衡量生命的标准并不是你得到了什么，而是你给予了什么。所有终极目标都该是自己让他人获得快乐。

8. 你的希望。

把你压垮的不是你肩上的重担，而是你扛起重担的方式。在实现梦想道路上最大的障碍就是敢于尝试的决心，相信美梦成真的信念。

9. 你的知识和人生经历。

品质和智慧是随时间雕琢而成的，成功的种子正是在你过去的失败中播下的。你承受的痛苦里将会孕育赞美。

10. 你对待感情的洒脱。

别让过去的感情和错误毁掉你的未来，别让那些对你的生活已经没有意义的人或事继续伤害你。伤痕只是用来提醒我们曾在何处，而并非去向何方。

让自己美好

对于女性来说，最有害的东西，就是怨恨和内疚。前者让我们把负能量对准他人；后者则是掉转枪口，把这种负面的情绪对准了自身。你可以愤怒，然后采取行动；你也可以懊悔，然后改善自我。但是心理学家研究结果表明：怨恨和内疚，它们除了会让女性变丑，还会带来疾病。为了不得病，为了不变丑，漂亮的女生们，没有什么琐事比你的健康和青春更重要，请让更多的爱意和宽容充满你的心扉！

独自感受生命的鲜活

在生命旅程中，任何生命个体都不可能摆脱某些时刻寂寞的独处。独处使空虚的人孤苦，使浅薄的人浮躁，使睿智的人深刻。上苍恰恰是通过生命个体对寂寞和孤独的体悟来激发其创造的潜能。

一个人的时候，面对真实的自我，有恬静有温馨，也有无穷的意味。即使人声喧嚣，也可以向内打开自己的心窗，营造一片自由的空间，独自感受生命的鲜活。独处的分分秒秒就可以和自己做倾心的交谈，细细内省一下自己，静静地体会生命中花开的声音。

🐌 感激自己

拈一抹芬芳，携一缕月光，只想坐进一朵花里静静听风。

或许风蚀的岁月，终将沉淀的心事，婉约成一段段诗词；或许习惯晨昏里走进沉思，以缄默的方式，润泽一个个鲜亮的梦；或许经历得太多，时光便在不知不觉中沉淀，化作一场场纯澈的雨。

做一个生命的行者，让心拥有海一般的情怀。如若是海，愿十指相扣许下一片蔚蓝，让岁月粲然；时间如沙，点滴滑落，你何不淡然欣赏眼前的风景；也许往事如沙滩上的脚印，深浅可见，何不面朝大海，春暖花开。

如歌的岁月，我们只是一个生命的行者。给心灵一丝坦然，给生命一份真实，给自己一个感激，就如淡淡的一滴水。

🐌 此刻的心境

1. 人生最糟的不是失去爱的人，而是因为太爱一个人，失去了自己。

2. 曾经，我以为我们这一生很长，所以爱很多人，后来才发现，不管时间如何张牙舞爪，最后你记忆里所能铭记的爱人其实只有两个，一个他爱你，一个你爱他。

3. 没有人可以带走你的痛，所以也别让任何人带走你的幸福。

4. 女孩子一定要经常旅行，不要做宅女。对于一个女孩子来说，见识最重要，你见得多了，自然就会视野宽广、心胸豁达，女性所特有的一些弱点便会淡化，优点便会突出了。

5. 任何一颗心灵的成熟，都必须经过寂寞的洗礼和孤独的磨炼。

6. 年轻人在成长的路上偶尔心乱不要紧，被情所困也不要紧。不要惧怕这些。谁没有心乱如麻的时候？谁没有为爱神魂颠倒的时候？跨过这几道坎，你就会回归平静。一生很长，心乱就如微风吹过，不必放在心上。

7. 只要心是晴朗的，人生就没有雨天。

8. 无论走到哪里，都应该记住，过去都是假的，回忆是一条没有尽头的路，一切以往的春天都不复存在，就连那最坚韧而又狂乱的爱情归根结底也不过是一种转瞬即逝的现实。

9. 这个世界至少有一个地方你可以控制——你的心境。

10. 不管世事如何，愿你与这世界温暖相拥。

陪你走到终点的，唯有自己

至交就那么几个，没有人必须对你好。

不该认识的人，皆是生命里的过客。

无法实现的事，就把缺憾看成一种美。

简单纯朴的行走，也是一种漂亮的活法。

要学会孤独，喧嚣是世界的外表，孤单才是它的灵魂。

要学会忘记，记忆终会死去，现实还在延续。

要学会独立，陪你走到终点的，唯有自己。

乐观是好心情的加油站,
它教你怎样笑傲人生。

只要心是晴朗的,人生就没有雨天。

一个人的生活

周一的清晨,早早去上班,周围的寂静是一种独有的美好安详。有时人们需要那么一段时间,享受一个人的生活,这是属于自己的东西,是你的一部分。当你走路、阅读、一个人静静独坐时,它就会流淌出来,让人觉得这个世界似乎在以另外一种形式存在着,你能够清晰地听到自己内心的声音。一个人的世界是一种美好的状态,因为它包含了无数的可能性。

一个人的细水长流

林徽因曾说过,红尘陌上,独自行走,绿萝拂过衣襟,青云打湿诺言。山和水可以两两相忘,日与月可以毫无瓜葛。那时候,只一个人的浮世清欢,一个人的细水长流。

你的过去我来不及参与,你的未来我奉陪到底

名人眼中的爱

爱在名人眼中是什么样的呢?是温暖的拥抱,还是默默地守候?

村上春树说：如若相爱，便携手到老；如若错过，便护他安好。

梁实秋说：你走，我不送你。你来，无论多大风多大雨，我要去接你。

徐志摩说：一生至少该有一次，为了某个人而忘了自己，不求有结果，不求同行，不求曾经拥有，甚至不求你爱我，只求在我最美的年华里，遇到你。

余秋雨说：你的过去我来不及参与，你的未来我奉陪到底。

沈从文说：我明白你会来，所以我等。

爱情之约

每个人来到世上，都是匆匆过客。有些人与之邂逅，转身忘记；有些人与之擦肩，却必将回首。

爱上一个人，有时候不需要任何理由，没有前因，无关风月，只为真心。

爱情里所有的迁就都是甘心情愿，甚至了无痕迹的。有时候，并不是你喜欢的东西我刚好全都喜欢，而是你喜欢的，我也愿意去喜欢，然后就真的喜欢了。

觉得别人对不起自己的人，都是放在别人身上的希望太重了。别带目的性去和别人相处，你会发现自己收获的都是惊喜。

生命本是一场只来不去的旅行，所以留心和感谢每一道风景。没有能回去的时候，所以做最想做的事，说最想说的话，爱最值得爱的人。

洞悉婚姻

据说，男女之间因身体的吸引，deep in love（深爱）的时间只有半年到两年，being in love（恋爱中）是要进入精神之旅，深层多面的分享。

男女关系由女性决定，如果女性对关系没有百分百的承诺，男性可以感受到。婚姻是最高级的瑜伽，是两个自我之间的挑战。

男人希望找到一个让自己崇拜的女人，希望从女人那里得到启发，女人必须去聆听男人，他需要一个支撑，才能完成他今生的使命。在两性关系中，女性需要安全和保护，女性崇尚男人的领袖气质，这样她才能保持对他的尊重。而当女人很强时，她不需要男人。女人选择和一个男人在一起，是为了完成她生命中的创造。

内心深处，女人想要男人像男人，男人也想要女人像个女人。这股力量来自差异和差异所产生的张力，从男女两极所带来新的生命力。婚姻是一个很大的教导，它是一个学习的机会，学会理解依赖并不是爱，依赖意味着冲突、愤怒、恨、嫉妒、占有和控制。但是要达到不依赖的状态，你需要静心，好让你能够自己一个人就很喜乐而不需要别人。当你不需要别人时，那个依赖就会消失。一旦你不需要别人，你就可以分享你的喜悦，那个分享是很美的。

爱是不占有的，它给予自由。当爱成长为婚姻时，那个婚姻就不是普通的事情，它核心的部分是心，核心的部分是自由。婚姻是心灵的至上结合，而不是身体的现象。

伴侣

恋爱是两个人的事，但婚姻是两个社会群体的事。

最好的婚姻就是融合，认同彼此的圈子，爱彼此的亲人，接纳彼此的朋友。因为有彼此，你们更爱这世界的一切，你们比以前更知道父母养育之恩的厚重，更知道要经营自己的朋友圈子，更知道做很多精彩的事。这种接纳，会让你感觉更有根，除了爱情还有恩情。

在对的时间里遇见对的人

时光荏苒，飘然而过，如流水般柔软无痕，时间却也有着惊人的力量，它能够让一切消失殆尽，也可以带来一个崭新的世界。生活不一定会惊天动地，感情也不一定能天长地久，所有的事情都不会亘古不变。但你可以发愿在流逝的时光中，会有那么一个对的时间，带来一个对的人，成全一个对的心愿。

无条件的爱

你，是一个充满爱的生命体，值得被爱。从本质上来说，你即是爱。

即便是生活会遭遇令人很不舒服的事情，或充满无穷尽的黑暗，也不要轻易认为自己远离了生命之路，这是一份勇敢向上的气概和努力。

无条件的爱就是在任何时刻都保持一颗开放的心。它意味着你不需要别人给你任何你想要的东西、表现特定的行为模式来取悦你，或是只能用爱来回应你。很多人总是在期待别人，觉得别人应该在自己尚未表达亲和友善之意前先对自己表示善意。

无条件的爱允许你参与他人的生命，同时保持个人界限的完整性。要想参与他人的生命，你一定要了解个人界限的全貌。当你想和别人打成一片、想拥有某种亲密关系时，你就会和他人离得更远。假如在你某种关系中感觉到不能喘息，或别人要求你做一些你并不想做的事，这是你对自己的界限认识不清的表现。

无条件的爱就是学习成为爱的源流，而不是在等待别人成为爱的源流。

幸福不是努力去爱，而是安心地生活

安心地生活

爱情往往不是一时好感，而是明明知道没结果，还想要坚持下去的冲动。爱有很多种，婚姻却只一种可能，那就是陪伴。爱得越深，就越没有安全感。因为你总是担心失去他。你以为自己要的是一个爱人，最后才发现，真正想要的无非是安心。所以，幸福不是努力去爱，而是安心地生活。

自由与爱

冬日雨夜灯下重读克里希那穆提的《自由与爱》,节选部分与大家分享。

种一棵树并且关爱它,看着河水流动,欣赏大地的丰美,观察飞鸟的美妙翱翔,有一颗敏感的心,对生命的伟大律动开放胸怀——这一切都需要自由。你能爱才能有自由,没有爱就没有自由;没有爱,自由只是没有价值的观念。所以只有那些了解并消除内心依赖的人,才明白爱是什么,才能得到自由。

这是一个穷人和富人的世界,是有学问人和文盲的世界,它是"我们的世界"。我认为感受到这点,并且爱这个世界是很重要的,不只是在平静的早晨有这种感受,而是在任何时刻都有这种感受。我们只有了解什么是自由,才能感受这是我们的世界,并且爱它。

我们内心是依赖着他人的,是希望被爱的。我们并不是爱了之后便把它留在那里,我们还要求回报,在这个要求之中,我们就变成了依赖的人。我们想得到自由,就要破除所有内在的依赖。否则我们永远不能自由,因为唯有在这份了解中,才有自由。

因此,自由与爱是并存的。爱不是一种反应,如果我爱你是因为你爱我,那么这只是交易,爱变成了在市场上被买卖的东西,那显然不是爱。爱是不要求回报的,只有这种爱才能使你了解自由。

成熟伴侣

谢尔·希尔弗斯坦的绘本《失落的一角遇见大圆满》，用卡通式的简约线图，描述了一个小故事，故事虽小却蕴含大道理。女人，不一定要成为女强人，但一定要有独立的人格和思考。

成熟的伴侣需要两个人都是独立的、自我负责的，有自己清晰的边界，能区分什么是我的、什么是别人的，能理解每个人都有自己独特的想法、感受、情绪与幻想，能接受每个人有权利也有责任为自己活、为自己负责，同时两个人之间能互为父母、相互依赖。当一个人悲伤、挣扎、脆弱、激愤时，另外一个人能够包容、理解，并能成为他依靠的臂膀。两个人都能在对方面前做真实的自己，能在对方面前呈现自己的不成熟，也都能包容对方不成熟的部分。

面对现实的残酷、生活的挫折、前途的艰难、孩子的养育和老人的赡养，所有的事情，两个人能够作为一个团队，共同面对和承担。即便在钱的分配或具体做事上可能是一个人，但在情感上能够有人分担，就会使心理压力减轻几倍。就是这份关系，成为两个人的支撑，为两个人提供能量。双方既在这份关系中为彼此做出贡献，同时也能从这份关系中得到身心的滋养。

在这个美好的平安夜，衷心祝福天下有情人终成眷属，也祝福所有的婚姻伴侣幸福如意。

平实

有人说，这个浮躁的社会让我们失去了等待和爱一个人的能力。

的确，等待和爱一个人的能力是需要在时间中逐渐练习的，时间最终也只是旁观者，能不能学会还是靠自己，但只要我们愿意，这种能力是会与日俱增的。

花样年华时以为能数年如一日地等一个人点头是爱，能嬉笑怒骂都始终陪在一个人身边是爱，能创造出各种浪漫场景储存各式专属记忆便是爱，却不知道比起这些脆弱易逝的点滴更深沉的爱是包容和懂得。包容一个人的不完美，懂得一个人的不容易，更重要的是接受、隐忍并化解林林总总的生活琐事。

世间所有热烈激越的情感都是有期限的，过了那个特殊的阶段，一切都将化作质朴无华的平淡，平实境遇中的你，是否还有值得企盼的爱和等待？

精致的生活

有人说，女人从出生到18岁，需要好的家庭与回忆；18岁到35岁，需要好的容颜与身体；35岁到55岁，需要好的个性；55岁以后，需要好的时光。

姑且不谈内在的精神底蕴，每个女人至少应为自己营造一个精致美好的生活环境。

买适合自己的衣服、饰物。适合你的就是最好的，所以不必羡慕和模仿别人。真喜欢一样东西就买吧，只要在自己能力范围之内。有时候那种喜欢是为了满足儿时的自己。

精致女子的第一要领就是舍得犒赏自己,因为你值得这样的犒赏。但前提不可以是炫耀。奢侈品,只是贵一点的日用品,它的本质还是拿来用的。不要以为你买了个LV的包就能上个档次。要做那个驾驭奢侈品的人,而不是它的奴隶。

定期清理你的化妆工具,让它们保持清洁卫生,这会让你化的妆看起来更精致。买了就要用,囤积是没有任何意义的。

培养一些小的好习惯,比如早睡、饭后漱口、喝温水、水果不离身。好习惯如同零钱罐,每天放一点,年终指不定就会有惊喜。

做一些可以提升气质的事情。在周末的时候学习某样舞蹈,每周去瑜伽馆练瑜伽,学着画油画,每个月学一首简单的钢琴曲,有时间就去外面的世界看看。20岁的时候,你拥有的是自然生长的容颜;30岁的时候,生活的经历使你的容颜有了个人的印记;50岁的时候,你生命的全部都写在你的脸上。美貌会随着年岁而衰减,气质却会递增。当20年、30年以后,优雅的气质才会为你加分。

床买大一点,床头放本好书,床上用品一定要品质好的。

办公室备一件厚外套、一把伞,你才不会在冷的时候、下雨的时候狼狈不堪。

认真护肤。好的皮肤是身份的象征。除了日常的基础保养,还要注重两点:积极抗氧化,同时补充胶原蛋白。

精简你的衣橱。静下心来看看你的衣橱,其实你并不需要这么多的衣服。要学着为衣橱做减法,太时髦的,小了穿不下的,商店打折冲动购入从未穿过一次的,统统扔掉!你真正需要的是一些百搭、质量过硬、能够反复穿的经典款。注重搭配，经典点缀。

别人看不见的地方也不能随随便便。判断一个女人是否真的精致，不是看她的衣服多贵，手包是哪家的新品，开的是什么车，而是看她生活的细节：护手霜是不是包包里的常备品，内衣是不是随便买的便宜货，沐浴乳、洗发精是不是超市里买一送二的打折货……越是别人看不见的地方，越能看出一个人的生活是否精致。

视爱情为生活奢侈品：有最好，没有也能活。

要懂得让自己成熟且美丽，偶尔和闺蜜们聚会。放纵地玩乐，失眠时不喝酒不吃药，而是点熏香帮助睡眠。

腰围是少女与大妈的分水岭，控制得了体重，方可控制人生。

好好护理你的头发，无论长短。

懂得享受下午茶时光，为自己准备一个浪漫的小阳台。

让你的东西都保持自己最喜欢的状态。

抵达

有的人对你好，是因为你对他好；有的人对你好，是因为懂得你的好。

爱，不是改变对方，而是一起成长。

每个女人都会渴望爱情里有这样一个人，在他心里，知道你的逞强和脆弱，给你需要的呵护和安慰，清楚你所有的缺点，然后用温暖细腻的爱来包容。

反过来，你是否有这种爱的能力去关爱对方？

人生的悲苦，与得失纠缠，与是非相伴，与成败共生。快乐的真谛，多不在得时欣喜，而在失后坦然。再好的东西，你抓得太紧，终会累的，曾经的拥有，要记得感恩；错过的美丽，要懂得放手；精神的高压，要学会承受；直白的生活，要倾心去爱。当你领略了失去之善，避开了钟情之苦，快乐方至。

爱不是占有

两个相互珍惜的人，应该不会想过分占有彼此，而是偶尔想到对方就觉得很好，甚至都不敢想太多未来。怕想多了，就会惊动这小心翼翼又暗自浮潜的情愫。它比暧昧明朗，也比暧昧羞怯。无须承诺，亦没有担忧，你心底知道这样的遇见就是最美好的事，若打着爱的名义要求更多，那不是爱，而是占有。

离开谁，你都会活得很好

亲密关系

一位朋友转来一篇很好的文章，向我们揭示了亲密关系丧失后的意义，特缩略如下，希望借此可以启发更多的人。

缘分，有着不可思议的神奇，它有自己的生命与运行轨迹。它会评估，什么样的人在什么时候，与什么样的人在一起会学到最多的东西，因此而得到成长与蜕变。

亲密关系，是一个为你提供的拯救机会。与你相爱的那个人，不管是富翁、贫民还是流氓、骗子、暴力狂，他都是你灵魂所需要的神秘伴侣。

只有你深爱的这人，他才有机会靠你的心这么近，只有他才能走进你内心最幽闭的地方，让你看到自己内心的匮乏。

离婚并不是什么坏事，不要轻易错过这个机会，不要马虎对待亲密关系，也许你可以借离婚这个警钟响起，而产生觉知，甚至趁此完全觉醒，知道婚姻是怎么回事，人生是怎么一回事。他对你的冷漠，只不过反映了你没能热爱自己和自己的生活。

从此你开始把焦点放在自己身上，开始去学习，参加各种活动，开始让自己过得充实起来。原来等待另一个人来爱我，并不是你的生活，一旦你能让自己的生活流动起来，就有了最好的机会去吸引一个值得爱的人。

只要你全情投入，就会有巨大的收获。你会发现自己的灵魂，并开始给予它关注与关怀，给自己可以换一种活法的机会。即使离异也不再是悲剧，它变成一种仪式，让我们一步一步走向心灵成长，成就最本来的自己。

有依赖，就不可能有爱

我们渴望陪伴，却从来不曾得到过陪伴。克里希那穆提在《爱与寂寞》里说道："有依赖，就不可能有爱。"灵魂只能独行，因为我们都有能力决定自己的方向，却没有能力控制别人的道路。如果偏要把别人拉到你的生活轨迹上，或者强行进入别人的世界，结果无非只有两种，要么在自己的世界里等死，要么在别人的世界里被扯到四分五裂。

道路

人生有很多条路可以选择，选中一条走下去，便会碰见这条路上的人和风景；而选择另一条，你遇到的则是完全不同的风景与人。有的人可能与你一起走，有的人留在原地；一起走的人，也可能在下个路口与你分开。没什么可哀叹的，这是人生的必然，珍惜身边与你一起看风景的人，并在下一个分别路口洒脱地用力地挥挥手。

一件事，就算再美好，一旦没有结果，就不要再纠缠；一个人，就算再留念，如果你抓不住，就要适时放手，久了你会神伤，会心碎。有时，放弃是另一种坚持，你错失了夏花绚烂，必将会走进秋叶静美。任何事，任何人，都会成为过去，不要跟它过不去，无论多难，我们都要学会抽身而退。

谁是谁的谁

1. 心理医生给女人的忠告："无论你有多喜欢对方，爱情里主动的必须是男人。如果这个男人不主动，宁愿错过。"

2. 没有伴侣的时候，即使是孤单，也可以很快乐。这个时候，孤单是一种境界。你可以一个人走遍世界，结识不同的朋友。你也可以选择下班之后，立刻回到家里，享受自己的世界。一个人的孤单，并不可怕。最可怕的，是有了伴侣之后那份孤单。

3. 男人对女人的伤害，不一定是他爱上了别人，而是他在她有所期待的时候让她失望，在她脆弱的时候没有给她应有的安慰。

不要将自己的未来托付给不可知的他人

日子

每一个清晨都会如约而至，你内心的喜悦、平淡或者痛苦都会被晒到阳光之下。"成长就是你哪怕难过得快死掉，但你第二天还是照常去上课上班。没有人知道你发生了什么，也没有人在意你发生了什么。"关于未来，在前行的日子中，你自己是唯一的知情者，所以不要将自己的未来托付给不可知的他人，你需要这份责任、自信、承担与勇气。

遇见更好的人

感恩岁月，因为时间能做的并不只是让你忘记一个人或者一些事，时间还可以证明你的成长。人就像蛹破茧成蝶前总要经历一段孤独不安的时光，你只有在一个人的时光里让自己变得足够优秀。

岁月就是这样，总是把最好的留在后面。最好的安排，是时间给予的，自己掌握的。时间会替你摆平生命中的负能量，也会带走你放不下的一切。在这个世界上，最英勇的事情不是奋不顾身地勇往直前，而是走一段路程后观看一段风景，学会与自己对话，用自己觉得温柔的方式照顾好内心。

等待，是为了更好的遇见，为了有更多的机会选择一个正确的人。等待不是挑剔，也不是眼高手低，等待只是让自己学会淡然地生活，正确地选择。但是，在孤独的等待这一段时光里，又恰恰是生命的历练。

亲爱的，你不必害怕，要感恩岁月让你遇见一个更好的人。

成熟

每个人都有某一方面的天赋，但如果用"会不会爬树"来评价一条鱼的能力，它会终其一生以为自己愚蠢。

成熟的重要标志，不是学会了"表达"，而是学会了"咽下"。明明很多时候委屈得想要爆发，火到嘴边，却无奈地笑了。其实人间好多爱，都是溺爱。爱的另一种说法，是"忍"。一个人一直忍你，也就是爱你。评价爱有多深，就看对方忍了多久。

"真正的失望不是怒骂,不是号啕大哭,也不是冲你发脾气,而是沉默不语,是你做什么我都觉得和我再也没有任何关系。"心如止水静无声。

难过不用掩饰,也不该表达。

治得了你脾气的是你爱的人,受得了你脾气的是爱你的人。

婚姻不能将就

在婚姻中,你到底是施舍的一方还是祈求的一方,或是既施又求?

假如你觉得很难理解对方,那有可能是因为你无法理解自己。人生最大的问题,就是看不见自身的问题,所以当问题发生时,我们总是习惯把矛头指向对方,而忘了看自己。

我们为什么结婚?其实结婚的目的很简单,就是想让自己和对方过得更好。但是很多人一旦进入婚姻的模式,就很容易迷茫,因为他们总是期待对方能填补自己的缺憾。真正爱一个人,是要爱他的全部。

很多婚姻失败的原因之一就是为了不健康的理由而结婚。例如:为了摆脱寂寞,为了迎合长辈以及大众的要求,为了满足安全、生理、感情、财富的需求等。确实,每个人都有需求。于是当彼此在对方身上看到了一个可以满足自己需求的机会时,两个人就开始了"交易",这种交易就是所谓的"爱"。很多怨偶,都觉得是自己牺牲和付出了太多,当你需要从别人那里获得爱,说明你自己就是一个缺爱的人。那么你又如何有能力给对方爱呢?于是,两人就

当你相信自己有多好时,你其实就是有多好。因为最美的人生并不是别人怎么看,而是你自己怎么看自己。

做一个简单的人,踏实而务实,
不沉溺幻想,不庸人自扰。

这样无休止地乞讨和压榨彼此。

在施与求的婚姻当中，只有认清自己，明白自己内心真正需要的东西，把对别人的要求转成对自己的要求，彼此才能活出真实的自己，这样的婚姻也才能变得持久而稳定。

找人去旅行

钱钟书先生在《围城》里写道，经过长期苦旅而彼此不讨厌的人，才可以结交做朋友。朋友如此，伴侣就更需要这样了！

当对一个人是取是舍，很矛盾要不要选择他的时候，就和他出去旅行吧。通过他的待人接物，处理问题，照顾他人……检验他的耐心度、细心度、处理问题的能力。

两个人去一个彼此都陌生的地方旅行，是一件很考验感情的事情，从旅行的细节基本能看出你们是否适合在一起生活。

看看以下的表现——

1. 旅行计划：当你说要一起去旅行，他说没钱，或者说哪儿也不好玩，那么他一定不是一个爱生活的人，结婚后肯定不会给你小礼物小惊喜，而你想想自己是不是能接受和这样一个男人生活一辈子。然后，旅行前各项准备能观察一个男人做事的规划和细致程度。

2. 旅行花销：旅行中很能考验一个人的消费习惯，这里要看看对方是否勇于承担部分支出，一个只知道索取而不知道付出的人不值得你浪费时间。钱不多可以坦白讲，可以省着用，但对方算计着自己买单是不是吃亏了就很扫兴。

3. 生活习惯：各种生活细节都能让你更了解身边的那个人，一起住在酒店他（她）怎样表现，是否有让你难以忍受的习惯，比如打呼噜，不刷牙，出门的时候他（她）是否能快速收拾好自己的行李而不是一团糟地往书包里塞……一个让自己的生活很有条理的人大都是做事认真可靠的。他是否会注意你喜欢的小东西，为你买一份或许很便宜的小礼物？

4. 旅行情绪：这点很重要，其实出去旅行很少特别满意的，会有各种突发状况，可能路途劳顿，语言不通，风景不美，食物难吃，黑店被宰……当你们遇到不开心的事情时，彼此是否能乐观地面对，积极地解决，并试图让对方快乐起来？

日久不一定见真情

1. 让女人失望的不是你没有钱，而是在你身上看不到希望。

2. 永远不要低估一个女人和你同甘共苦的决心，但你要拿真心来换。

3. 不要让一个女人适应孤独，一旦她适应了，就不再需要你了。

4. 每一个不懂爱旳人，都会遇到一个懂爱的人，经历一场撕心裂肺的爱情，然后分开。后来不懂爱的人慢慢懂了。懂爱旳人，却不敢再爱了。

5. 不要让眼睛蒙蔽你的心，时间是最好的证人，会让你懂得，日久不一定见真情，但是一定会见人心。

不要把时间浪费在错误的人身上

1. 不要把时间浪费在错误的人身上。人生短暂,所以你不该把你的宝贵岁月与压榨你幸福的人分享。真正的朋友总会在你最需要帮助的时候出现在你的身旁。

2. 不要逃避问题。直面挫折,挺过去。没有人能够做到轻松自如地应对每一次困境。没有人不是经历了一次又一次的沮丧。所以,不要急于求成,要一步一步地解决问题。因为,那才是生活的意义所在——面对困难,然后耐心地去学习,适应并解决难题。所有这些经历最终塑造了现在的你。

3. 不要欺骗自己。你大可以欺骗世人,但唯一一个不容许你欺骗的人就是你自己。只有当你抓住机遇时,你的生活才会有所改善。要做到这点,第一步便是真诚地对待自己。

4. 不要再把自己的需求放到不重要的位置上。最痛苦的事情莫过于你太爱一个人而忘记了自己也是需要被满足的。帮助别人是重要的,一点都没错,但你也要帮助你自己。

5. 不要再幻想成为那个"不是你自己"的你。人生的一大挑战就是埋葬真实的自己并渴望自己能成为其他人。不要成为其他人,而是要做自己,这样人们才会喜欢你。而且那个对的人只爱真实的你。

6. 不要活在过去。假如你总是沉沦在过去的阴影中,你也就无法开始新的人生。

7. 不要害怕犯错误。每一次失败都会助你走上成功的殿堂。到最后,令你感到悔恨不已的不是你做过的事,而是那些你从未做过的事。

8. 不要再责备自己所犯的错误。错误能帮助你找到对的那个人，也能让你下次做得更好。你有能力让今天变得与众不同，你还有能力开创美好的未来。你人生所经历每一件事情都为未来的某个时刻埋好了伏笔。

9. 不要尝试去购买幸福。真正能让我们满意的都是免费的，如爱、欢笑和追随激情的脚步。

10. 不要专从他人身上获取幸福。在你开始与他人分享你的人生之前，你要做的就是要让内在的自己变得美好。

懂得

1. 最好的感情，就是找一个能够聊得来的伴。各种话题，永远说不完；重复的语言，也不觉得厌倦。陪伴，是两情相悦的一种习惯；懂得，是两心互通的一种眷恋。

2. 懂你的人，会用你所需要的方式去爱你；不懂你的人，会用他所需要的方式去爱你。于是，懂你的人，他爱得自如，你受得幸福；不懂你的人，他爱得吃力，你受得辛苦。

3. 有个懂你的人，是最大的幸福。这个人，不一定十全十美，但他能读懂你，能走进你的心灵深处，能看懂你心里的一切。最懂你的人，会一直在你身边，默默守护你，不让你受到委屈。真正爱你的人不会说许多爱你的话，却会做许多爱你的事。

🐌 不要活在别人的认为里

1. 你生命的前半辈子或许属于别人，活在别人的认为里。那就把后半辈子还给你自己，去追随你内在的声音吧。

2. 我们一路走来，只是为了告别往事，走入下一段风景。

3. 你受的苦，吃的亏，担的责，扛的罪，忍的痛，到最后都会变成光，照亮你前行的路。

4. 人生从来不只是计划出来的，而是一步步走出来的。

5. 生活其实很简单，喜欢的就争取，得到的就珍惜，失去的就忘记。

6. 当你不能够再拥有，你唯一可以做的，就是令自己不要忘记。

7. 全世界最幸福的童话，不过是，与你一起度过柴米油盐的平凡岁月。

8. 男人这辈子都暗恋过白莲花，亲吻过红玫瑰，最后娶了康乃馨。

9. 若他爱你，不必讨好；不爱你，更加不必。爱可以是一瞬间的事情，也可以是一辈子的事情。

🐌 未来的你，在未来等你

不一定要爱上一个漂亮的人，但要爱上一个能使你的生活变得更漂亮的人。

如果彼此有缘，时间空间都不是问题。所以要好好去爱，去生活，相信一切等待都是值得的。天若下雨，你就打伞，但心情永远都要是晴天。风从不会止步，此刻的静寂，只是风吹到别的地方去了。

心知道，未来的你，在未来等你。

情缘

合适的鞋，只有脚知道；合适的人，只有心知道。

最好的时光，是彼此都在，却可以不见面；最好的感情，是双方都懂，却不用说出来。

陪伴不一定时刻，只要心里有；感情不一定表白，只要感觉到。

两心靠近是情缘，更是吸引；两情相悦是喜欢，更是眷恋。

心若相知，无言也默契；情若相眷，不语也怜惜。

最真的拥有，是我在；最美的感情，是我懂。

有一种陪伴虽不见身影，却很真诚；有一种守候虽悄然无声，却很深情。

最深沉的爱，总是风雨兼程；最浓厚的情，总是冷暖与共。

心灵的伙伴，是温暖的源泉；贴心的情感，是生命的春天。

我们一生所寻求的，不外乎就是有人疼，有人懂。眼中有笑，心中有暖，于人生就是简单的幸福！

Part 3

我们都被这个世界温柔地爱过

与其抱怨世界如此险恶,不如把心态放平一点,你会发现很多简单美好的小事,比如黑暗里的一缕阳光、旷野上的一朵小花、亲友的一声问候……都是世界对我们温柔的馈赠。虽然它们琐碎而平凡,却能让我们遇见生命的辽阔,愿我们都能好好生活,淡定静好。

纵使岁月老去，唯爱与生活不可辜负

两情相悦

细说两情相悦，包括三方面的匹配度：价值观与人格，兴趣和经验，人际风格。这三者都是最重要的关系预测指标。

其实，真正的感情根本不需要追。两个人的默契，慢慢将两颗心的距离缩短，在无意识中渐渐靠近彼此。从你喜欢上他的那一刻起，也许他也在那一刻喜欢上了你。同节奏的爱情往往能奏出最和谐最动听的乐章。真正的爱情需要什么？需要两个人在一起是轻松快乐的，没有压力。

不是每个人都适合与你白头到老。有的人，是拿来帮你成长的；有的人，是拿来一起生活的；有的人，是拿来一辈子怀念的。

那个到来的人也许并不是最美丽出众的，但他可以是对方的好朋友，不带任何条件。彼此很容易沟通、互相可以坦白任何事情，而不必担心被对方怀疑或轻视。两人在心灵上有共同的理念和价值观，并且对这些观念有清楚的认识与追求。

双方都认为婚姻是一辈子的事，当发生冲突或争执时可以一起来解决，而不是等以后再发作。大家彼此间有一个非常理性和成熟的交往，并且双方都能感受到，在许多不同的层面上你们是很相配的。

如果还没有体会到这种感觉，就说明你还不够敏感，抑或那个他还未曾出现。

珍惜时光

在小区的花径小路上曾经看到手拉手一起散步的一对老年人，路人都羡慕他们的恩爱。其实真正在一起的两个人，不是为了谁能控制得住谁，而是两个人可以一辈子互相依赖、信任、坚持，不离不弃。

在一起，就没有绝对的对与错，也不用互相较劲。回到家，面对一个将会和你共度一生的人，最应该把最简单、最真实的自己展示给对方。因为，你们在一起的第一天，并没有要求对方太多。那时可能只想要个拥抱而已，让你感觉到的只是一种真真切切的存在，仅此而已。

爱是相互的，坚持是相互的，经营也是相互的。今后的日子里，你们可能会遇到比对方更好的人，但是今天既然已经选择了对方，那些更好的人，和你们又有什么关系呢？

之所以在一起，是因为最初有个想法——共同走过人生长河，相濡以沫，携手终身，到了花甲之年还可以说：我爱你。

致心中下雨的你

这世上最幸运的，是还有人惦记着你。这世上最可悲的，是你惦记的人根本不关心你。人心的真假，时间能见证；感情的冷暖，风雨能考验。有些感情任你如何用心，也会越来越淡；有些背影任你如何不舍，也会越走越远。

爱，只是风景；人，只是过客。只要爱不枯萎，情还依旧，心上就会飞出蝴蝶。在心中下雨的时候，可以选择独自静坐，与一杯茶对饮，与一本书相悦，与一首曲互慰，心情就会变得恬静安然。

很多事情，当经历过，自己知道就好；很多改变，不需要说出来的，自己明白就好。所有的日子都会到来，所有的日子又都会过去，一切仿佛发生了，又仿佛一切没有发生。

人生有成就有败，有聚就有散，没有谁能得天独厚，一手遮天。每个人都会有技不如人、寄人篱下的时候。其实，最好的境界就是花未尽开，月未圆。肯低头，就永远不会撞门；肯让步，就永远不会退步。

若，流年有爱，就心随花开；若，人走情凉，就守心自暖。情不弃，时光温暖；爱不离，岁月不寒；心无澜，碧海晴天。

无限世界

老舍说："生活是种律动，须有光有影，有左有右，有晴有雨，滋味就含在变而不猛的曲折里。"

生活是多样的，很多事情的发生甚至会超乎我们的想象。如果能以欣赏和接纳的态度对待生活，生活将尽情展示它的无尽魅力。

和一个人在一起，冲突永远存在，没有谁与谁的关系是完美的，因为没有谁是完美的。既不选择相似的人，也不选择相异的人，只是选择你爱的人。选择爱人也是在选择生活。所以，我们只选择所爱的生活。

一个征服了心性的人，会是一个充满智慧的人。世界是奇妙的，也是不完美的，一个具有智慧的人，就是懂得面对美与不美的无限世界的人。

感受生活

卢梭说过："除了身体的痛苦和良心的责备以外，一切痛苦都是想象出来的。"

其实，并不是生活中幸福太少，痛苦太多，而是你铭记的都是不顺、不开心，牢记的都是自己还有什么没有得到，而不是想着你已经得到什么。所以，你想得越多就会越不开心和烦恼。痛苦的感觉就这样被不断扩散，被放大，结果只能是生活中的痛苦无处不在。所以，当你不开心时，不妨想想自己已经得到什么。那样，你的烦恼自然会烟消云散。

很多时候，我们没有办法预知人生的坎坷，也没有办法控制生命的长度，我们所能做的就是让每一天的生活都变得充实。这样，我们真的就没有时间悲伤，也没有时间抱怨。每一个凡俗的日子，都可以绽放如花。

好好去爱和生活

1. 我的确还不够聪明,但我至少知道要前行。

2. 心存善念,阳光就会照耀你;心存美丽,温暖就会围绕你。

3. 好好去爱,去生活。每天的太阳都是新的,不要辜负了美好的晨光。

4. 当你每天醒来的时候都有两个选择:第一,醒来,再睡,继续未完的美梦;第二,醒来,站起来,去实现自己的梦想。

一切美好皆在眼前

端午节的清晨,走过葱郁的花园小径,听到鸟雀清脆的啼鸣,一丝青草和土地的味道扑面而来,又是一个美好的清晨。想起哲人的那句话:"我们一直寻找的,却是自己原本早已拥有的,我们总是东张西望,唯独漏了自己想要的,这就是我们至今难以如愿以偿的原因。"好好体会此刻和今日的种种,一切美好皆在眼前。

相信爱和美好的存在

生活是开水,无论冷热,只要适合的温度就好;生活是口味,无论酸甜苦辣,只要适合的口感就好。生活是旋律,无论快慢,只要韵律和谐悠扬就好。生活是季节,不论春夏秋冬,只要适合的心情就好。

很多时候我们的无所谓,只为了隐藏心里那一点在乎感。譬如友谊,好久没有联络,那并不是距离远了。好久都没有消息,并不是关心没了。从成为朋友那刻起你就不曾远离,就注定扎根在我心里。其实朋友也就是这样的,我们无须想起,因为从未曾忘记。友谊和爱就在那里,不离不弃。

生活,就是实实在在的一种生存。不甘寂寞也好,甘于寂寞也罢,都要相信爱和美好的存在。生活,只要选择适合自己的故事,就是幸福,就有未来。

相信

1. 每天醒来,面朝阳光,努力向上,相信日子会变得更加美好。

2. 我们做过的事,遇到的人,以及所有的喜怒悲欢,都会浓缩成一个很中性的词——过去。

3. 生命是华丽的错觉,时间是贼,会偷走一切。

4. 不贪,欲念少;不嗔,心易平;不求,常知足。遇上了,请珍惜;别过了,道珍重。

5. 你改变不了已经发生的,所以不要浪费时间想那么多了。前进,放手,忘了它,就这么回事。

6. 偶尔我只想一个人静静的就好,不受任何打扰。不是冷漠,只想放空自己,感受生命的纯粹。

7. 别在喜悦时许诺,别在忧伤时回答,别在愤怒时做决定。

8. 谨记幸福五大原则:心中无恨、脑中无忧、生活简单、多些付出、少些期待。

停下手脚来享受生活

每到假期，似乎更忙碌，因为工作而搁置很久的家务还是需要抓紧补课。今晨，看到这篇小文深有感触：你，还在忙于编织什么？

芬兰动画短片《最后的编织》能帮助你在百忙之中学会安静，重新思考人生的意义，这部动画短片是由 Laura Neuvonen 执导，2005 年已经上映，我相信对于在人生的舞台上穿着红舞鞋的你而言，一切都刚刚好⋯⋯

在峭立的人生舞台上，毫不犹豫地，我找到一个属于自己的位置，我笃定安稳地坐下，在一片闪亮的旭日晨光中，我用坚定的双手开始编织五彩缤纷的美丽人生。移动的光影，嗒嗒的编织声，让我不懈的努力得到丰硕的回报，我满意地抚摸着光彩夺目的战利品。有一刹那我觉得我拥有的已经够多了。

但是，当我碰到那把可以为我完美作品画下美丽句点的剪刀时，我本能地踢开堆挤在脚前的编织以挪出更多的空间，因为我要更多⋯⋯

是的，你还想要什么呢？何不为现在所拥有的感恩、珍惜？何不享受与家人的每一分每一秒呢？金钱能换得到青春，却换不来健康；能换得到心脏，却换不到心；能换得到人，却换不到人品。赢得全世界，却输了自己又为何呢？

爱生活，就得停下脚步享受生活；爱儿女，就张开怀抱来拥抱他们；爱亲人，就要有更多的时间和他们在一起。爱 TA，就给 TA

你最好的!

亲爱的朋友,在这个特别的劳动节里,祝福你节日喜乐!

每个人心里都有一位塔莎奶奶

原来生活可以这么过

英国作家萧百纳曾说过,只有年少时拥有年轻是件可惜的事。对我而言,随着年岁增长,日子过得更充实且懂得享受生活乐趣。现在就是最好的时光。

人生最后悔的事,莫过于活得不勇敢。

老了,不一定要成为家人的负担,只要懂得创造生活乐趣,老,不再是件让人畏惧的事,反之,你有充足的时间可以浪费在更多美好的事物上。

你会发现好多,原来,生活也可以这么过。

优雅地老去

塔莎·杜朵,美国著名生活艺术家、插画作家、凯迪克大奖获得者、女王终身成就奖获得者。她一生著作颇丰，超过80本。

对塔莎奶奶而言，与生活有关、与自然有关的很多事，都值得她用心去做！九十多岁的塔莎奶奶，住木屋、打理庭院、种植花草、纺线织布、缝制衣服、制作手工、绘画、烹饪、与小动物们做伴……塔莎奶奶的这种生活态度使我们感到自愧。在活着的时候，要努力当一个乐活家，做一个慢享家，充分享受生活中每一个因为用心而变得精致温暖的时刻。

或许，在每一个人的心里，都有一所秘密花园，香草果实，美满丰盛。我们可以像塔莎奶奶那样，在晨露中采摘一捧郁金香，怀抱着它们，赤脚走过泥土路；如果我们爱那些花儿，也可以像塔莎奶奶那样，为了不让芍药变得垂头丧气，在雨停后，便迫不及待地飞奔过去，一朵一朵，将它们身上的雨水抖落……

或许，在每一个人心里，一直都有这样的一位塔莎奶奶，她超越国界、超越时间空间，她是创造的化身、她是对生活爱的化身、她是自由的化身，她代表了人们对生命、对生活深层的渴望，她是大部分人在现实生活中未能实现却渴望成为的自己。

日子

初夏的清晨，阳光正好，微风徐徐，趁繁花还未开至荼蘼，你依然可以走很长很长的路。

不喧，不吵，静静地守着岁月；不怨，不悔，淡淡地对待自己。成长就是，渐渐学会温柔，懂得克制，朴素、不怨不问不记，安静

心存善念，阳光就会照耀你；心存美丽，温暖就会围绕你。

蜕变的过程是很痛苦的,但每一次蜕变都会有成长的惊喜。

中渐渐体会生命盛大。

总有一些人,原本只是生命的过客,后来却成了记忆的常客。任何值得拥有的东西,一定是值得等待的。感谢一路有你,向阳向暖,未曾离开。

自己喜欢的日子,就是最美的日子;适合自己的活法,就是最好的。世上只有一件东西能始终经受住生活的冲击:一颗宁静的心。放下无谓的负担,人生才能一路自在。

我们都被这个世界温柔地爱过

春有百花秋有月,夏有凉风冬有雪,若无闲事挂心头,便是人间好时节。

岁月极美,在于它必然的流逝,心似莲开,清风自来。

走到生命的哪一个阶段,都该喜欢那一段时光。

做一个简单的人,踏实而务实,不沉溺幻想,不庸人自扰。

每个人都比自己想象的要普通,但同时也比自己想象的要强大。

如果你想被别人爱,你首先必须使自己值得爱,不是一天或一个星期,而是永远。

无论经历过什么,你都要努力让自己像杯白开水一样,要沉淀,要清澈,温柔得刚刚好。

睡前别忘了提醒自己,我们都被这个世界温柔地爱过。

岁月如歌

人生短暂，时光易逝，蓦然回首，那些失去与拥有，都成为过眼云烟，一瞬即逝。

曾经，站在人生路口，独自徘徊、左顾右盼、茫然失措，或许你真的不知道该怎么抉择；曾经，你的心会凌乱到无法控制，感觉到生命中太多遗憾，不能接受，找不到最初的自己。

生命中有太多的回忆，无论是痛苦或者泪水，点点滴滴缠绕在你的故事里，仔细回味，总会有一些温馨荡涤在你的心田，辉映出一种别样的暖。而记忆中最美好的事，莫过于在你最美好的年华，遇到你最想遇到的人，做成你最想要做的事，触摸到你最想要的未来，这一切要诚挚地感恩生命中的那份最美的遇见。

时光如歌，岁月静好，那些流逝的过往，挥洒在岁月的长河中，陪伴着你走过世间所有的旅程。生命无须拥有太多，只要心有所依，有人伴你懂你，就会拥有温暖。生命无须走多远，只要心存梦想，有期待有努力，就会拥抱感动。

花开无声，一季季地到来，一季季地离去，而我们始终都在前行着。回眸过去，聆听花语，把沧桑留在心底最深处，让深切的体悟沉淀为平静而丰富的生活内涵，让生活恢复最初的喜悦和安然。带着这份感激，记在你的心里，平淡路途中，搁浅年华，幸福就在你的身边。

陌上相遇，轻问一句：你还好吗

相遇

人的一生会遇见很多人，而能够遇见一个与自己投缘、无话不谈的知己，是不可多得的。不论时光如何流逝，空间如何转换，这个人还能与你相好如初，是值得你去好好珍惜的。

但，人生终究是一场一个人的旅程，在我们马不停蹄追求理想的路上，每个人都在孤单前行，终有一些人会靠近我们，又渐渐远离我们。他们有了自己的生活，有了自己的世界，好似与我们再无瓜葛。只是彼此曾贴近相吸的心灵，应是不会因长途跋涉，而行将陌路。

所以，愿我们不要为离别和消逝而感伤。我们总还会在路上，重新遇到懂你、知你，给你以温暖信任的人。

且歌且行

人生之途中，总是一条路让你一路前行，一路回顾。沿途的风景，在你凝眸注视的那一刻，于心间已定格成四季的画卷。

只有淡然，才能安享宁静芳菲的岁月；唯有随缘，才能拥有释然易感的情怀。陌上红尘，繁华无数，置身其中，你我不过浮沉一粒。如何分得清你是谁的谁，如何辨得清谁是你的你。

来去随缘，得失随意。欣然接受人生中的每一次遇见和失去，缄默前行。接纳阳光，自然也要包容雨露。

人生旅途上，且歌且行且珍惜。

相遇最美

人和人相遇，靠的是一点缘；人和人相处，靠的是一点诚意。

思念别人是一种温馨，被别人思念是一种幸福；最难的是相知，最苦的是等待，最美的是幸福；缘是天意，分是人为；知音是贴切的默契，知己是完美的深交。

这个世界上没有谁对不起谁，只有谁不懂得珍惜谁。

男人的魅力不在于有多少钱，长得有多帅，而是遇事有多大担当。

女人的魅力不在于长得多漂亮，而是有温柔善良的性格和一颗宽容的心！

相遇最美，今生能相遇已无比幸运。无论你是和他人擦肩而过，和谐共事，相扶相持，还是相约百年，都十分珍贵，愿永远珍惜这份美好。

立秋

昨日立秋，一袭微雨，划过静好的夏日，滋润了一份心境。季节的转变，流年的浮华，那些人生路上的相聚与别离，便是生命里卷起又铺开的风景。一些遇见，注定会牵念；一些人，注定会刻骨；一些过往，注定会淡远。我们无法改变人生的际遇，但可以去珍惜，让生命留下相惜的柔软。而懂得便是这无常的相聚与别离间最动人的暖，是这静美时光中最恬静的念，是生命中最美好的缘。

缘聚

这个世界上总有那么一个人，
是你的念想，是你的温暖。
但该来的都会来，该走的全会走，
别抗拒，别挽留。
用最真实的自己，才能遇见最应该的那个人。
一个人真正的强大，并非看他能做什么，
而是看他能承担什么。

如果注定要分开，就希望各自安好，
是否晴天，都已不重要。
前路曲折其实也是好事，
因为我们能够看到更多的风景。
脚踏实地走好每一天，每一个现在，
都是我们以后的记忆。
以平常之心，接受已发生的事。
以宽阔之心，包容蹉跎你的人。

人生过客

1. 有人说，背上行囊，就是过客；放下包袱，就找到了故乡。其实每个人都明白，人生没有绝对的安稳。既然我们都是过客，就要携一颗从容淡泊的心，走过山重水复的流年，笑看风尘起落的人间。

2. 人的一生会遭遇无数次相逢，有些人，是你看过便忘了的风景。有些人，则在你的心里生根抽芽。那些无法诠释的感觉，都是没来由的缘分，缘深缘浅，早有分晓。之后任你我如何修行，也无法改变初时的模样。

3. 没有什么缘分可以维系一生，再华丽的筵席也会有散场的那一天。既知如此，我们又何必聚散两依依？我们都是人生场景中的过客，这段场景走来了一些人，那段场景又走失了一些人。

4. 如果我们守不住约定，就不要轻许诺言，纵算年华老去，还可以独自品尝那杯用烦恼和快乐酿造的美酒。

5. 一程山水，一个路人，一段故事，离去之时，谁也不必给谁交代。既是注定要分开，那么天涯的你我，各自安好，是否晴天，已不重要。

遇见

故事，总是从相遇开始：

1. 遇到真爱的人时，要努力争取和他相伴一生的机会，因为当他离开时，一切都来不及了；

2.遇到可以相信的朋友时，要好好和他相处下去，因为一生中，遇到知己真的不易；

3.遇到贵人时，记得好好感激，因为他是你人生的转折点；

4.遇到曾经爱过的人时，要记得感激他，因为他让你更懂得爱；

5.遇到曾经恨过的人时，要微笑向他打招呼，因为他让你变得更加坚强；

6.遇到曾经背叛你的人时，要好好和他聊一聊，因为若不是他，今天你还看不懂这个世界；

7.遇到曾经偷偷喜欢的人时，要祝他幸福，因为你喜欢他，不就是希望他幸福吗？

8.遇到匆匆离开的人时，要谢谢他走过你的人生，因为他是你精彩回忆的一部分；

9.遇到曾经和你有误会的人时，要解除误会，因为你可能只有这一次机会解释清楚；

10.遇到和你相伴一生的人时，要感谢他爱你，因为你们现在都得到了幸福和真爱。

别以爱之名说为孩子好

🐌 孩子

我们把时钟回拨,穿越回孩子诞生的那一刻,重温一下那一刻的温情和喜悦。

那时,我们对孩子的期待是那么简单,无非就是健康、平安、快乐。记得孩子刚出生,被护士抱出产房时,我们先看的是他的五官、四肢是不是健全,长了几个手指头。对,就这么简单,仅仅希望他健康、正常就好。

可随着孩子一天天长大,我们开始担心,自己的孩子是不是个头比别人矮、说话比别人晚、成绩比别人差、特长比别人少,不知不觉中,我们嘴里多了一个"别人家的孩子",多了一条起跑线。我们开始忙着看别人教育自己的孩子,或教育自己的孩子给别人看。于是,期待越来越多,苛责和失望也越来越多,爱变成了控制。

而我们终将明白,在生命之旅中,我们的上半程没有孩子同行;孩子的下半程,我们也不可能与之共度。无论我们和孩子彼此多么相爱,都无法一路相伴,终归,他的旅程只能他自己去走。我们为人父母的,能为孩子做的,只是无条件地接纳他,对他坚定不移地支持,让他时刻有被爱的感觉,分享我们的人生经历和一些建议,帮他建立起照顾自己的能力,最终让他去成就他自己。

关系

一位爸爸每次只问从学校回家的女儿四个问题：

1. 学校有什么好事发生？
2. 今天你有什么好的表现？
3. 今天有什么好收获？
4. 有什么需要爸爸的帮助？

看似简单的问题背后其实蕴含着丰富的寓意。

第一个问题其实是在调查女儿的价值观，了解她心里面觉得哪些是好的，哪些是不好的；第二个问题实际上是在激励女儿，增加她的自信心；第三个问题是让她确认一下具体学到了什么；第四个问题则有两层意思，一是我很关心你，二是学习是你自己的事。

要把孩子教育好，最关键的就是亲子关系要处理好。如果家长在孩子心中建立起绝对的责任，孩子相信家长无条件地爱着自己，那么这种关系是良性的。在这种情况下，教育孩子就是一件最简单的事，用苏联大教育家苏霍姆林斯基的话来说就是"伴随孩子成长"。

做一个真正的家长

爱是一个生命喜欢另一个生命的感情，是一种平等的关系，是无条件的。要真正做一个好家长并不难，要教育好孩子一定要注意下面几句话：

1. 禁止打骂孩子，建立平等的关系。

2. 无条件爱孩子，给予其精神意义上的爱。

3. 一定要尊重孩子的独立人格。

4. 用正面的方法教育孩子，时常对其鼓励表扬。

5. 调整亲子关系，这是最重要的一点。

6. 要注意孩子的人格精神。

父母尊重孩子的天赋秉性、成长步调，对孩子抱有耐心，让孩子去尝试、去体验。孩子的成长，需要时日和世事的打磨，绝不可能一蹴而就。揠苗助长，只能得不偿失。

爱孩子

心理学家认为，孩子的自信是对自己作为一个人的价值的肯定，从根本上讲是来自父母无条件的爱（unconditional love）。

无条件的爱，就是仅仅因为你是我的孩子，所以我爱你，和你是个什么样的孩子无关。

爱孩子，就是尽情地享受孩子的成长过程，享受孩子给自己带来的快乐，用尊重、鼓励、欣赏、信任的态度对待孩子。有父母的爱在后面支撑，孩子在外面不管遇到了什么都无所畏惧，因为"我爸妈爱我，肯定我"。孩子心里非常踏实，知道自己拥有取之不尽的力量，可以面对整个世界。

能做到无条件爱孩子的父母，他们本身也都是自信的人，对自己持肯定的态度。他们知道每个孩子各有特点，会鼓励孩子做他自己，扬长避短，相信孩子最终都会成长为一个自食其力的人。

孩子心中最渴望得到的东西，就是父母无条件的爱。因为他是父母的宝贝，不是因为他是什么"钢琴神童"或是"数学天才"，或者他得到过什么奖。如果父母的爱是有条件的，你学习好了爸妈才会满意、你奥数比赛得奖了爸妈才高兴，这样的话孩子心里会怀疑自己，对自己失去信心，并学着戴上势利的眼镜去面对爱与关怀。父母如果不切实际地一再对孩子提出高标准，孩子长此以往就会变得焦虑、患得患失。

精神科医生认为那些有心理问题的孩子，多数都能从其家庭教养方式中找到症结。父母对孩子性格和情绪的影响超过了学校和社会。

培养

孩子经由父母来到这个世界，他们将拥有属于自己的人生，父母的责任就是培养孩子的特质，让他们具备拥抱快乐人生的能力。

1. 独立性。

孩子终究要面向社会，终究要离开父母的怀抱，独立生活。所以，培养孩子的独立性至关重要。独立性的培养不是一朝一夕的，是一种生活习惯的养成，需要慢慢培养。不过，培养的方式很简单，就是尽最大的可能为孩子提供成长的空间和机会。孩子经历多了，自然会积累自信。

2. 主见。

孩子的世界其实很简单，同时孩子的可塑性又很强，所以应该尊重孩子的决定，尽可能多地给孩子自己做决定的机会，无论结果如何都让他学会承担自己决定带来的结果。

3. 耐心、专注力。

耐心、专注力是做好任何事情的保证。

4. 语言表达能力。

语言表达是与他人、集体、社会交流的主要方式，也是其他人了解你的主要渠道。学会恰当准确地表达自己的心理活动与思想，是成长过程中最基本的能力。而良好的语言表达能力又是以强大的胆识为前提的。

5. 终身学习的思想意识以及自主学习的能力。

校园生活只是成长过程一个很短的阶段，而一个人要成材，要成就一番事业，就不能满足于学校的那点知识，要有终身学习的思想意识！同时，学习能增强人的耐力、锻炼人的意志，因此，应该把学习当成一件愉快的事情来做。在我们的引导下，在孩子自己的摸索中，孩子应该掌握自主学习的本领，学会控制自己的情绪，管理自己的时间，提高学习的效率，等等，才是问题的关键所在。

爱与自由

我们可以不懂得教育，也不需要成为心理学家才能生孩子，但是我们要保持一颗谦卑的心，就是我们永远不比孩子知道的更多，这对他来说是最好的。

教育的本质，是父母的自我修行。我们对自己的觉察体验有多深,就会有多谦卑。看见孩子的前提,是先看见自己。对孩子最好的教育就是不教育,就算你把全部的认知教给孩子,他也不一定会超过你。

父母是孩子一切问题的根源,爱与自由是唯一的答案。

孩子,你永远是天使

一座海滨小城的气象台天气预报,最近将有台风袭击这里。小城里的百姓惊慌起来,积极地投入到预防工作中。一位母亲忙碌着,旁边站着她的小女儿。

"这该死的台风……"母亲一边收拾东西,一边诅咒。

"我喜欢台风。"旁边的小女孩不同意母亲的说法。

母亲感到很诧异,因为台风破坏力极强,毁坏庄稼、吹倒房屋、阻塞交通,给人们生活带来巨大的不便并造成损失,可眼前这个小不点儿居然说她喜欢台风。

"孩子,告诉妈妈,你为什么喜欢台风?"母亲小心翼翼地问。

"上次台风来了,就停了电。"小女孩不假思索地回答。

"停了电又如何?"

"晚上就会点蜡烛。"

"你喜欢点蜡烛吗?"

"是的,那回(指上次台风吹过的晚上)我点着蜡烛走来走去,你说我像小天使。"

母亲顿时无言,旋即放下手中的活计,抱起小女孩,亲吻她的小脸蛋，凑近她的小耳朵并说了一句话：孩子，你永远是天使！

犹太人的8条教子箴言

1. 智慧比什么都重要。

因为智慧是任何人都无法抢走的，只要活着，智慧就会永远伴随我们。

2. 和什么人在一起，你就会成为什么人。

犹太人也很注重孩子将来上什么学校，因为同学会变成孩子终生的朋友、事业伙伴甚至是配偶，所以跟什么样的人在一起就是做父母最看重的。

3. 你是独一无二的。

帮助孩子建立自尊心，让他们认定自己是独一无二的人才，孩子才会去追求一切美好的东西。

4. 学习就是重复。

犹太人把学习称作"重复"，读、说、听并且多遍地练习，最终将全部文章内容都牢记在心。在学习上不断重复的韧性，是每个犹太孩子必备的技能。

5. 一定要找出失败的原因。

考试不能得满分，犹太人不会责骂孩子，但必须找出丢分的原因。

6. 发问是最好的习惯。

在犹太人的家庭教育当中，第一价值观就是让孩子擅长发问，而且提问题并不是为了问去问,而是通过问去学习和改进。

7. 时刻准备适应新环境。

犹太人比较重视孩子适应新环境的培养,所以孩子去了一个新的环境或国度,如果他的积极性、学习性很高,他的表现往往比没有积极性、主动性的人要出色一些。

8. 付出就会有回报。

"君子爱财取之以道",随着年龄递增,他们可以按劳动种类的不同,获得更有价值的报酬。小到"乖宝宝"贴纸,大到丰盛的晚餐或梦想的礼物。

纪伯伦:关于子女

Your children are not your children.

你的儿女,其实不是你的儿女。

They are the sons and daughters of life's longing for itself.

他们是生命对于自身渴望而诞生的孩子。

They come through you but not from you.

他们借助你来到这个世界,却非因你而来。

And though they are with you, yet they belong not to you.

他们在你身旁,却并不属于你。

You may give them your love but not your thoughts.

你可以给予他们的是你的爱，却不是你的想法。

For they have their own thoughts.

因为他们有自己的思想。

You may house their bodies but not their souls, for their souls dwell in the house of tomorrow, which you cannot visit, not even in your dreams.

你可以庇护的是他们的身体，却不是他们的灵魂，因为他们的灵魂属于明天，属于你做梦也无法达到的明天。

You may strive to be like them, but seek not to make them like you.

你可以拼尽全力，变得像他们一样，却不要让他们变得和你一样。

For life goes not backward nor tarries with yesterday.

因为生命不会后退，也不在过去停留。

You are the bows from which your children as living arrows are sent forth.

你是弓，儿女是从你那里射出的箭。

The archer sees the mark upon the path of the infinite, and He bends you with His might that His arrows may go swift and far.

弓箭手望着未来之路上的箭靶，他用尽力气将你拉开，使他的

今天还不是终点,请微笑向前。

一切无须强求,最美好的总会在不经意间出现。

箭射得又快又远。

Let your bending in the archer's hand be for gladness,for even as he loves the arrow that flies, so He loves also the bow that is stable.

怀着快乐的心情，在弓箭手的手中弯曲吧，因为他爱一路飞翔的箭，也爱无比稳定的弓。

慢养孩子

慢养孩子是台湾著名成功学大师黑幼龙先生的家教心得，他说："养孩子就像种花，要耐心等待花开。"

黑老说："慢养并不是时间上的慢，而是说教育孩子不要太担忧、太着急。不求一时的速度与效率，不以当下的表现评断孩子，尊重每个孩子的差异。慢养，可以让孩子发现最好的自己。"

每个孩子都是一朵花，只是一年四季开放的时间不同。当人家的花在春天开放时，你不要急，也许你家的花是在夏天开；如果到了秋天还没有开，你也不要着急跺他两脚，说不定你家的这棵是蜡梅，开得更动人。

真正的园丁是不会在意花开的时间，他们知道每种花都有自己的特点，开花的时间也各不同。铁树开花是人间奇观，一株幼苗，从栽培到开花需要十几年甚至几十年，而且花期长达一个月以上。这就是铁树不开花，开花惊艳四方，且炫丽无比。

如果你家的花到了冬天还没有开放，你就要想一想，它也许真是一棵铁树呢！它会开出更加炫丽的花朵，只要你有耐心等待。

致童年

我们不可能再有一个五彩缤纷的童年，那些时光永远停在记忆的昨天。如同蛹化蝶一般，美丽成熟的今天都由昨日蜕变而来，这便是必然的成长。在每个人心里始终都有一个内在的小孩儿，对我们今天的思想和行为产生深远的影响。请尝试着告诉他：今天在生命体验或感受到的事情，并不是问题或苦恼，只是保管的记忆被重播而已，我们可以选择清理这些记忆。生命原来是一场无法回放的绝版电影，而童年的印记将一直伴随我们到永远。

期望

不要给你的孩子太高的期望，他不是你的翻版，未来应该有自己的路要走。有心理学家对"期望"一词作了如下的解读。

如果你被他人期望成为一个什么人、取得什么样的成就、处于什么状态，应该来说这是一件值得高兴的事。因为这说明你不是孤单的，有人关心你，很看得起你——这显然可以极大地满足你的自恋。

但是，我们是否想过如果一个人被过度期望，他就会不愉快。过度期望就是一种巨大的压力，可以使人处于应激状态。换句话说，给予他人过度期望，实际上是在向他人传递焦虑，也就是推卸责任。

人生背负太多的期望：父母期望孩子成材，妻子期望丈夫赚更多钱，老师期望学生更有成就，老板期望员工更加努力。无处不在的期望一旦过度，就变成负担。很多亲密的关系，最后被搞得四分五裂就是因为强烈的期望。

期望意味着不满意。期望不太大的时候，不满意的程度也较小，所以不易被察觉，也就不易造成伤害。但是，随着期望的增加，不满意也就增加了，到一定程度就会爆发，就可能造成心理上的伤害。所有过度的期望只会让事情朝相反的方向发展。

那么，如何判断是否期望过度？很简单，问一问被期望的人就知道了。我们鼓励被过度期望者的觉醒，觉醒到可以对那些用期望施虐的人说："我也许永远不会像你期望的那么好，但我希望我能够做到像自己期望的就足够了。"

岁月流逝，还好有朋友你

过程

午后的鹏城，蓝天白云。车前行，再美的风景都要掠过。每个人的人生都是一个不可逆的过程，在向前的路途中，你渐渐变成今天的自己。每一段旅途都会遇到不同的人，而每个人来到你生命里自有其独特的意义，哪怕他只能陪你走一段路，也许你们的相遇只是为了告别。岁月流逝，还好有你，能一起回忆起那些年那些事。老朋友，成为你逝去的青春的记忆。

友谊

我们都渴望友谊的陪伴，却从来不曾得到过陪伴。

克里希那穆提在《爱与寂寞》里说道："有依赖，就不可能有爱。"灵魂只能独行，因为我们都有能力决定自己的方向，却没有能力控制别人的道路。如果偏要把别人拉到你的生活轨迹上，或者你要强行进入别人的世界，结果无非只有两种，要么在自己的世界里纠缠，要么在别人的世界里被扯到四分五裂。

在独立的基础上，我们来谈友情。好朋友应该懂你，和你有相同的思维方式，便能感同身受，懂你的想法，懂你的感受，在这种懂得面前，语言是不必要的，她甚至可以懂你的沉默。所以她不会在你难过的时候给一些无关痛痒的安慰，相反，她能给你的思维另辟蹊径，给你正确的解决方法。如果她也无能为力，至少有一个懂你的人存在，仅仅是这种存在，就让你觉得心安。

值得拥有

今早机场送行，在转身离去的刹那竟然碰到一位相识近二十年的老朋友。那些生命中的有缘人曾经与我们共同经历了人生中无数个重要的时刻。今天自当更珍惜。

从现在开始,不沉溺幻想,不庸人自扰,踏实工作,好好生活;从现在开始,做出的每个选择,都要让你自己比昨天过得更快乐,因为你值得。

朋友之间

在阿拉伯流传这样一个故事——有两个朋友在沙漠中旅行,旅途中他们吵架了,一个还给了另外一个一记耳光。被打的觉得受辱,一言不语,在沙子上写下"今天我的好朋友打了我一巴掌"。

他们继续往前走,直到沃野才停下来。

被打巴掌的那位差点淹死,幸好朋友把他救起来。被救起后,他拿了一把小剑在石头上刻"今天我的好朋友救了我一命"。

一旁的朋友好奇地问道:"为什么我打了你以后,你要写在沙子上,而现在要刻在石头上呢?"

另一个笑着回答:"当你被朋友伤害时,要写在易忘的地方,风会负责抹去它;相反的,如果有人帮助你,你要把它刻在心里的深处,那里任何风都抹灭不了它。"

朋友的相处伤害往往是无心的,帮助却是真心的,忘记那些无心的伤害,铭记那些对你的真心帮助,你会发现这世上你有很多真心的朋友。

每当夜阑人静时,我们望向星空,总会回忆过去的美好。

不知为何,一些琐碎的回忆,却为我寂寞的心灵带来无限的震撼。就是这种感觉，令我更明白朋友对我的重要！

友情

真正的友情，不需要符号标记，不需要大声炫耀，如果你懂得了友情的意义，我想你会充满感激。

在独立的基础上，我们才能来谈友情。好朋友可以懂你，懂你的想法，懂你的感受，在这种懂得面前，语言是不必要的，他甚至可以懂你的沉默。

剩下的时间，就让我们孤独行走吧，一个人穿行风雨也好，一个人路过晴天也罢，希望你能够接受，孤独才是人生的常态。

朋友

老朋友需要维系，新朋友需要拓展，广交朋友，善结人脉，让你的生活丰富多彩。

1. 主动出击，勇于说第一句话，朋友圈来自个人的工作、学习以及生活。如果你是个有心人，敢于向陌生人说第一句话，就把握了结交朋友的先机。

2. 善于微笑，拉近彼此的距离。

3. 乐于助人，你快乐所以我快乐，拓展人脉，结交朋友，要乐于助人，要学会雪中送炭。

4. 积极活动，拓展人脉结交渠道，要走出去参加各种活动，通过各种活动来增加结交朋友的机会。

5. 善于倾听，做个优秀的听众，结交朋友，不仅要会将自己的快乐与他人分享，同时也要学会倾听。

6. 定期联络，关系也需要精心维护。

重逢

没有短信，没有电话，没有寄信的地址，没有任何能够联络工具。相识三十年，我们之间大多数人自那年别后就再未相见。这一刻，我们都站在自己的世界中，深深怀念那份曾经至真至纯的情感，我知道你的心中一定很想念我，而我也如此珍惜着这份重逢。有些人有些故事放在心里，是件珍贵的收藏，如此才填充了生命的空白。如果能够回到青涩懵懂的校园时光，再遇见当初曾偷偷暗恋的少年，一定要鼓起勇气大声告白。地球之所以是圆的，是因为它想让失散的人再次相遇。

追忆

神奇的微信让离散了近三十年的老同学重新相聚，那些原以为一别就是一辈子的人又重新回到我们的生活中。曾经的青葱岁月，纯洁懵懂，历历在目。很久很久，没有对方的消息，而此刻，她就在你的眼前。

想起张爱玲的一段文字：

爱着的并不一定拥有。

拥有的并不一定爱着。

也许你很幸福，因为找到另一个适合自己的人。

也许你不幸福，因为可能你这一生就只有那个人真正用心在你身上。

友谊

纪伯伦在《友谊》里有这样的两段对话："你的朋友是来回应你的需要的，他是你的田园，你以爱心播种，以感恩的心收成，他是你的餐桌和壁灯，因为你饥饿时去找他，又为求安宁寻他。"

"把你最好的给你的朋友，如果他一定要知道你的低潮，也让他知道你的高潮吧！如果只是为了消磨时间才找你的朋友，又有什么意思呢？找他共享生命吧！因为他满足你的需要，而不是填满你的空虚，让友谊的甜蜜中有欢笑和分享吧！因为心灵在琐事的露珠中找到了它的清晨而变得清爽。"

淡定静好,把时光轻靠

🐌 得而不喜,失而不忧

你若想得到这世界最好的东西,先得让世界看到最好的你。

那些所谓的心事,不过是不如己意,那就是我,执著于自己描绘的理想,一有落差,即生烦恼。

不是所有事情都能如愿以偿,但是任何事情都值得尝试。很多时候,我们想要的其实只是一个肯定的眼神和一颗理解的心,仅此而已。

无论过去发生过什么,你要相信,最好的尚未到来。

得而不喜,失而不忧,则幸福常在;成而不骄,败而不馁,则快乐常存。

🐌 知秋

雨后带来清凉,清晨充满秋意的文字倏然跃入眼帘。

看,一片落叶渲染了秋色;一季落花沧桑了流年。

一片枫红,一叶落木,飘摇着萧瑟;一滴秋露,一缕秋风,遮掩了心事,安排了一眼的寂寞。

冷秋,冷晨,冷霜,冷落叶;暖情,暖意,暖人,暖岁月。因为懂得,一切美好;因为存在,温暖相随。

端一杯菊花酒,题一首枫叶愁,饮一盏寂寞的残红秋。独坐,在这寂寞的秋！

花不会因为你的疏离，来年便不再盛开；人却会因为你的错过，转身成陌路。

纵然水尽山穷，叶落成空，那老去的年华依旧可以风姿万种。纵然岁月朦胧，天涯海角，依然可以觅寻当年遗落的影踪。

很多事犹如天气，慢慢热或者渐渐冷，等到惊悟，已过了一季。

坐看秋色，凝望一池秋水，眺望南山红叶，仰望云卷云舒，山、云、树、水之影重重叠叠，纯净无尘的秋色在心中逐渐升起。

生命像流水，那些不快的事总要过去，也只有在颠沛流离之后，才能重新印证时间在内心留下的痕迹。

谁在倾听一叶知秋的美丽？思念，像秋天的落叶，落地成伤。

秋风吹黄了夏日的绿，带走的是黄叶，带来的是新生，秋去秋来，四季更替，生命的轮回，渴望心灵的相通，追忆失去的记忆。

云水禅心花开如梦，流年在时光的树上开出淡雅的花，岁月在时光的心中留下刻骨的痕，浅浅相遇静静收藏。

你看这记忆的山水，云烟雾绕。一涧溪水，些许鸟叫，几许花开花落。最不愿说沧海桑田，但还是镜里烟花，流年去远……

生命即非生命

所谓生命教育，就是引导一个人回到对生命客观正确的认知上来。我们既不宝贵生命，也不轻贱生命，只是十分客观地看待生命。生命来了便来了，去了便去了，来去像花开花落一样自然，中间没有任何一丝执著。

生命只是一种现象，一种存在，它与世上万物一样，具有相同的法性——无常、无我、空；它和万有一样，普通、平常、平等。认为生命是宝贵的珍贵的，是人的一己认为，并且我们由此承受这种认为所带来的苦。

将存在分为生命和非生命，是人们的第一个有为妄想。事实上，生命即是非生命，因为生命是由非生命组成的。你将生命和非生命截然分开？离开非生命，毫无生命可言。

智者的世界不创造和坚持"生命"和"非生命"的差别，智者活在人与非人、物与非物的无差别中。当他死时，他不担心；当他活时，他不自以为喜。拿掉"生命"或"意识"这种概念，人就只是一种法。你看我或我看世界，就只是法看法。

关于生命，套用《金刚经》的句式：生命即非生命，是名生命。诸修行者，觉悟于生命，出离它所有、所有的故事，包括它自身。

生日

今天，这个生日的清晨正匆忙赶往另一个城市，路途中便随手捡拾了这片轻盈的文字。

秋，是四季里最好的时候，依着清爽的空气，听一首乐曲，在安静的空间里行走。写一些闲置的温润，让浅秋的絮语在岁月沉寂的留白中独自繁衍出情意。

时间让我们渐渐明白：遥远的，不再是距离，而是一种懂得。

走过流年的山高水长，相信总有一处风景会因为我们而美丽，总有一个笑脸是为我们而绽放，总有一份萍水相逢的遇见让过去变得唯美。

相遇，是一树花开。每个人一直想要寻找的温暖，不过就是时光里静静的安然，一花一草的闲情。愿修一颗禅心，暖一壶岁月里的清茶，执笔写下关于烟云过后的点滴。

当岁月走过，有些故事不得不收起。人生的脚步，不是每一程都一帆风顺，有些坎坷是岁月的插曲。若懂得，只需做好一个良善的女子，迎着风起，守着清寂，这天高云淡的十月，依然会温暖如昔。

人生就像一杯香浓的咖啡

无论你从什么时候开始，重要的是开始之后就不要停止；无论你在什么时候结束，重要的是结束之后就不要悔恨。

所有的胜利，与征服自己的胜利比起来，都是微不足道的；所有的失败，与失去自己的失败比起来，更是微不足道的。

大海如果失去了巨浪的翻滚，就会失去雄浑；沙漠如果失去了飞沙的狂舞，就会失去壮观；人生如果仅去求得两点一线的一帆风顺，生命也就失去了存在的魅力。

人生就像一杯香浓的咖啡，热的时候越品越有味道，不要等凉的时候才去品尝，那就会失去它原本应有的味道。所以抓住时机赶快行动吧，去品味人生真正的味道。

错过

  人生真的就像一场旅行，每一段旅途都有它不一样的景色。

  我们渴望旅行，渴望去看看未知的世界，期待着不一样的经历与故事。时间久了可能对身边的事物已经厌倦，没有了新鲜感。然而当我们出发了，下了车到达了我们计划的景点，却发现这里并没有想象中的那么迷人，于是我们不再有刚出发的热情，慵慵懒懒地逛完这一个当初多么向往的地方。

  人生总是这样，我们总在匆匆赶路，总是错过……其实我们都忽略了自己，忽略了人生旅行的景色。于是，我们忘了自己，跟着不知道去哪里的大巴车，一站又一站地错过我们最美的人生，最美的故事！

Part 4

这一辈子,做一个自己喜欢的自己

"人生的真谛就是活得更像自己",可惜很多人被他人否认的目光扰乱了内心的平静,失去了自我。人活一辈子,不必一味讨好别人,愿你成为自己喜欢的样子,以自己喜欢的方式过一生。

做一个自己喜欢的自己

🐌 生活状态

最好的生活状态，就是怀着你的梦想，勇敢地过自己想要的生活，哪怕过了拼搏奋斗的年龄，回归到平淡的生活之中，也是有意义的。

你要清楚自己的人生道路不是任何人都可以替你安排的，你不是任何人的翻版，也不是替代品，你只有真正做自己才能活得踏实和快乐。也只有真正认清了自己，才会明白自己需要什么。

生命路途中，对待生命，不妨更大胆冒险一点。如果这个世界上真有奇迹，那只是努力的另一个名字吧。

生活的可怕就是：苦于内心的不甘心，却又不愿意改变，最终一事无成。所以不管你现在处于哪个阶段，都可以把自己变成一张白纸。既然是空白，就别怕任何的尝试和失败，只是不要还没有开始就急着结束。这不是你的能力问题，而是心态。

心态的转变是改变自己的第一步。任何人的成功都不是空穴来

人生就是走在修行路上，修行需要修心。

愚人向远方寻找快乐,智者则在自己身旁培养快乐。

风,任何人的道路都不是一帆风顺,你看到的所有成功的人士,在他们荣耀的背后,哪一个不曾经历过义无反顾的勇敢和坚持?

相信自己,相信梦想,相信温暖,相信爱,相信所有的努力都会有回报,相信你的一切。生命中最难的不是没有人懂你,而是你不懂你自己。

行动的力量

有一则寓言:螃蟹、猫头鹰和蝙蝠去上恶习补习班。数年过后,它们都顺利毕业并获得博士学位。不过,螃蟹仍横行,猫头鹰仍白天睡觉晚上活动,蝙蝠仍倒悬。

这个故事的寓意就是,行动比知识更重要。

正能量的文字和心灵鸡汤四处可见,但很多人的生活依然如故,因为他们只是把那些可以改变自己的智慧当成普通的知识而已。如果学了一样新知识,就立即运用到自己的生命中去,那么,知识就变成了真切的生命体验。你甚至可以不必"懂"太多,就可以帮助自己,并帮助更多的人。

有人说,这个寓言还可以引申出另一种含义:不要太指望神秘的心理治疗魔力。最重要的力量永远在你自己身上,奥博的知识、玄妙的潜能开发、炫目的成功学等,都远不如你自己身上已有的力量重要。我们习惯去外面寻找答案,去别人那里寻找力量,结果忘记了力量就在自己身上。别人的知识不能第一时间拯救你。

犹太哲学家马丁·布伯如是说:你必须自己开始。假如你自己不以积极的爱去深入生存，假如你不以自己的方式去为自己揭示生存的意义，生存就没有意义。

🐌 成熟的自己

1. 开始尊重自己的意愿做自己需要做的事，开始安排自己的种种计划，规划自己的方向，自己的独处也变得充满意义。

2. 当你面对很多选择时，不再犹豫不定，有了自己独立的思想，开始学着理性地思考问题。

3. 当你开始觉得时间明显不够用时，就要合理安排时间，充实的生活会把自己带入一个更充实的世界。

4. 当你遇到不顺心的事情时，不再用哭闹来解决问题，眼泪能冲刷的永远是面容，能改变现状的只有行动。

5. 重视自己的朋友、爱人。因为这些人不是总会存在你的生命中的，也许在不经意间就物是人非了。

6. 在面对得与失，去与留的问题上，大度与开怀会让复杂的事情变得简单，简单的事情变得富有意义。

7. 任何时候不要与老人和小孩子计较，生命的开始是无知的，生命的完结也应该是快乐的。

8. 学着尊重每个人每个生物，就如向日葵喜欢面对太阳才会微笑。

9. 健全平和的心态是贯穿成功之路的筹码。正确地树立前进的目标，让生活拥抱目标而不是在沉重氛围中度过。任何时候都要自信地生活，开心地笑，成功与快乐就会并驾齐驱。

认识自己

从外在看内在，从别人看自己。透过别人，我们才能认识真正的自己。

我们对别人的意见，取决于他们使我们看清自己什么，而不是我们如何看他们。

我们所有的人际关系其实都是一面镜子，透过它们，我们才能认识真正的自己。

我们在发觉对方的过程中，等于在发掘我们自己。当你了解别人的感觉、想法，你就会更了解自己，相互都成为对方的镜子。

如果你觉得伴侣对你失去热情，可能是因为你也对他失去热情，就像一位婚姻专家说的，如果我们的婚姻变得乏味，可能是因为我觉得乏味，或更糟的是我这个人很乏味。

事实上，那些令你厌恶的人是在帮助你，帮你了解自己，让你发觉你的阴暗面。这也就是为什么当我们跟一个人越亲密，就越容易产生厌恶，因为他让你看到了自己的真面目。

别人最惹你讨厌的地方，通常也是你最受不了自己的地方。

那些唯一

你所拥有的一切都可能会丢失，包括你的财富、青春、健康与诺言，但有些东西是别人永远无法盗取的……

1. 你的独特。你是无可复制的，你拥有只属于自己的全部特质。欣赏自己的独一无二，这是走向幸福与成功的首要前提。你有权利永远阳光灿烂，因为你就是你。

2. 你的感觉。学会不再凭借别人的眼光审视自己。人生在世，是为了体验自己的生活，倘若总是试图迎合他人，将永远无法找到幸福和成功。他们的看法并不重要，最重要的是你自己的感觉。

3. 你的直觉。追随自己的直觉，做那些自己认为有意义的事情。永远不要与他人比较各自的旅程。不用按部就班，等待所谓的最佳时机才去追求梦想的生活。你的梦想早已存在内心深处。

4. 你的激情。发现自己的激情，无论所为何事。让自己沉浸其中，与之共存，你的世界将因此而改变。即使一切未能完全如愿，你也会发现自己已找到正确的航向。激情体验，无论结果如何，都有所值。

5. 你的决定。当生活让你感到畏惧时，也同时赐予你机会去选择勇敢与坚强。只要你擦亮双眼，继续前行，总会走向最终的成功。

自我赞美

人人需要赞美，这是天性使然，在他人的赞美中，人们能获得更多的快乐和自信。

心理学家在研究中发现，几乎所有人消极情绪的出现，都是与自信心不足有关。一个缺乏自我肯定的人，会轻易夸大那些本来是微不足道的过失和不足，有时面对一点小小的失误就表现出如天塌地陷的灾难一样痛苦。

自我赞美和肯定是提高一个人自信心的好方法。

1. 自我赞美就是对成长的肯定。在赞美中对失误的否定就是对消极意识的扬弃，也是对抱怨的否定。

2. 欣赏和赞美的心态，会让爱和感恩驻扎在我们的生命中，会让你欣赏的知觉变得敏锐而扩展。

3. 怀着赞美和肯定的心态，会让自信追随快乐去尽享生命的美妙。

4. 当我们用欣赏的眼光肯定自己的每一次进步时，我们对生命的珍爱会变得更加神圣。

别总是自己跟自己过不去

努力不懈

片刻闲暇，体味成长不易。在众多事务中选择哪些要放下，哪些需努力，这是内心的澄净与坚定。

很多时候需要放下的是你的浮躁、懒惰、三分钟热度，放开你容易被任何事物吸引的眼睛，经受住诱惑，静下心来好好做你该做的事。

那些值得坚持和投入的事情，也许当下貌似微不足道，但集腋成裘，总会功成名就。有时候努力不懈之后，你会发现自己要远比想象中的优秀很多，上天的礼物竟是如此丰厚。记住：越努力，越幸运。

世上除了生死，都是小事。从今天开始，每天微笑吧。不管遇到什么烦心事，都不要为难自己；无论今天发生多么糟糕的事，都不应该感到悲伤。今天是你往后日子里最年轻的一天，因为有明天，今天永远只是起跑线。

自我暗示

1. 说出自己的内心感受。心理学研究中有一种"内省法"，就是让人冷静地观察自己的内心深处，然后将观察的结果如实讲出来。

2. 把失败作为最后一次。谁都会有不顺利的时候，试着在最不开心和失败时对自己说："这是最倒霉的了，不会再有比这更倒霉的事发生了。"既然最倒霉的事情都已经发生，那么还有什么可怕的呢？

3. 避免情绪低迷期。每个人都有自己的"情绪周期"，有时人们难免会陷入莫名的情绪低迷中。这时就应该先做些简单的工作，不要给自己增添过重的负担。

4. 不要失去之后才知道珍惜。最快乐的人不一定拥有一切最好的东西，他们只是珍惜生命中所遇到的一切。因此，身边的存在才是最有价值的，留意这些人和事，关照并重视他们，日积月累，你会获得更多"心灵财富"。

5. 调整心情。可以使用"汽车预热"的方式来调整心情，就像汽车上路前都要进行发动机预热，以保证汽车良好的行驶状态。当你刚吃完午餐，还未从慵懒中彻底解脱出来时，先不必急于工作。你可以先与同事们交流一下，或是先翻阅一下上午的工作日志，给自己的心情"预热"之后，再以崭新的面貌进入工作状态。

6. 不强调负面结果。不要总是托词"我就是这样做才出问题的""就是在这里我把钱包丢了"，越是这样，心里就会越紧张。所以，要避免老用失败的事例来提醒自己，而应多用一些积极性的暗示激励自己。

让自己活得快乐些

从我们来到这个世界上的那一刻开始，痛与快乐就如影相随。人生的享受、承受、接受，这三种态度决定了我们人生的厚重和精彩。

1. 享受，从而活得有乐趣。

享受生活让我们爱自己、爱生活，对自己有信心，对生活有热情。当我们充分享受生活时，内心就会感到满足，生命就会在生活里扎下深根。当然,享受不是生活的全部,我们还需要学会判断什么是可以享受的,什么是值得享受的,什么是适当的享受。我们享受生活,但不沉溺于低俗的享乐。

2. 承受,从而活得有价值。

一个人接受"生活是艰难的",并且愿意在其中承担自己的一份责任,他为此而受的苦,就是合理受苦,这苦是有意义的。但是,一个人害怕并且逃避生活的艰难,不愿去承担责任,最终他就会陷入症状的苦,这时他受的苦就是无意义的苦。所以我们要建立承受的态度,回到生活的困难中去,承担责任,合理做事,勇敢地承受人生,我们才会变得更成熟。

3. 接受,从而活得有境界。

接受与否的本质是态度。我们可以说,不是人"病"了,而是他的"态度"病了,不接受的态度就是一种病的态度。对待人生,成熟的态度是尽力而为,接受结果。在享受的领域,我们尽量让自己活得快乐些,过自在的生活,做自然的孩子。在承受的领域,我们尽力而为,活出生命的价值,管好自己的生活,做自己的经理。到了接受的领域,我们不是宇宙的主宰,而是学习在现有的条件下做事和生存。

别人是谁

别人是谁?别人不是别人,别人就是你自己。正如一句古话所说的:境由心生。别人也是你自己的心所造就出来的。你有什么样的自我形象，就会创造一个与这个形象成对比的别人的形象。

在一个人想象中的别人，和真实社会中的别人关系并不大，而是和这个人自己的心理关系密切。人有两种相反的需要：一种是找到自己和别人的共同点，证明自己和别人是一样；另一种是找到自己和别人的不同点，证明自己的独特性。

别人不是别人，别人就是你自己，因此，我们只要改变内心的自我形象，别人也会随之而改变。当你自己不把自己当作胆小鬼，别人的眼睛也就不会咄咄逼人了。

别人就是你自己，懂得了这个道理，我们就不必过多地责备别人，也不再怨天尤人。因为我们的烦恼归根结底要自己负责。这不是坏事，我们自己能负责，意味着我们能控制自己，意味着我们有办法解决自己的问题，减少和消除自己的烦恼。

每个人都有自己的了不起

🐌 美好自己

每个人都有自己的了不起，而且你的优秀，不需要任何人来证明。再难，也一路走过来了，又何惧远方？

若岁月静好,那就颐养身心;若时光阴暗,那就多些历练。一切无须强求,最美好的总会在不经意间出现。心态改变你的人生,凡事多往好处想,就永远不会失去对生活的热情。心存希望,才能创造美好人生。心态不同,命运也将截然不同。最好的选择就是,用乐观来对待生活中的种种不幸。

人生苦短,重视生命的价值,永远不要抱怨命运的不公,人生没有过不了的坎。"决定谁唱得好的不是天赋,而是谁真正想唱得好,只有歌唱动机最纯洁的人,才能成为最好的歌者。"前行,相信自己,珍惜独一无二的自己,自信能够帮你重获新生。

活自己

很多人总会倚靠外在的东西,让自己变得强大从而显得更有信心。但他们不知道,一味跟他人比,迟早会走向自我的"物化"。

有比较之心可以激发自己加快成长的步伐。而真正有自信的人,对拥有的东西是充满富足的感觉,可能看到别人有而自己没有也会羡慕、敬佩,进而欢喜赞叹,但之后仍然会安分地做自己。这就是所谓的"圆满自足",无欲无贪,快乐地生活着。

一个成熟的社会,每个人都有自己的定位,每个人都能够满足于所扮演的角色,从来都尊重生命的存在和意义。很期盼有这样的一种社会文化出现,让每一个人都能尽情展现独一无二的生命价值。

选择未来

努力是梦想的前提，没有借口推脱，坚持是衡量是否对得起自己的唯一杠杆。一个人，如果能够懂得自己，无论选择怎样的道路都不会后悔，怕的是选择之后一再后悔，将青春时光白白浪费在了抉择和纠结上。

每个人都有自己的天赋，也有努力的极限值，这些先天因素都决定了你能否做好一些事情。但是不要忘记，所谓不相信努力的意义，所谓不想走艰难的路，其实都证明你根本没有做好接受未来的心理准备。

你是什么样的人，就会产生怎样的思维，拥有怎样的梦想。你相信它，自然它也会相信你。

当你追逐在艰辛的道路上时，要始终相信艰辛会让人成长，而努力一定会带来更好的未来。未来的自己，也会感谢现在走过艰辛道路上的自己。

成就自己

你唯一能把握的就是变成最好的自己。

感情和梦想都是冷暖自知的事儿，可能在你眼里看来意义重大的事在他人眼里不值一提。

"梦想"这东西，最美妙的在于你可以制造它，重温它。看一本书，听一首歌，去一个地方，梦想就能重新发芽。

你觉得焦虑，无非是现在的你跟想象中的自己有距离。如果你不喜欢现在的自己,那就马上想办法改变。而那些说你变了的人,不用理会他们,那只是因为你不再按照他们希望看见的轨迹生活而已,只要记住那些一直陪着你懂你的人就好了。

过去,你不会发现自己有多强大,直到有一天你发现身边的支点都倒下了,而你却没有倒下。这时候你要告诉自己什么都失去了,但未来还在!挫折一再来临,那就去勇敢地接受它,然后撑过去。

你已经变成更好的自己了,那么继续勇敢地追寻下去,等待对的人,等待阳光照到你梦想的那一刻。

总有一天,我们都能强大到什么都无法扰乱我们内心的平静。

价值宣言

一段这样的价值宣言,让人三思静神——

我的存在价值,不受别人量度,也不因世间毁誉而有增减。我之为我,并非故意要特立独行,而是我真正知道自己的人生方向:既不顺自己的原始欲望而行,也不依世俗的标准而求外在满足。我之为我,深信任何事情都有止境,唯生命的成长没有止境,因生命超越个人、超越时势,与道相契,与真理把臂同行。

比较

树上每一片叶子都是相似的,每一片叶子又都是不同的。芸芸众生也是各有特色,各有所长。他有统率三军之才,你有诗辞歌赋之长；他善歌，你善舞；他能力拔高山，你能泅渡大河。没有一个人是为了和别人相同而出生。人各有天赋，各有使命。

米兰花虽小却清香扑鼻，罂粟虽艳却淡而无味。鄙浅有鄙浅的妙处，华贵有华贵的悲哀。高官厚禄者与庸常贫贱者，一个在山顶一个在山脚，所处的位置是那么悬殊，然而，两者所看到的对方却是同样的大小。

现实生活中，总有人拿自己与别人比较，他们把自己和别人放在同一条起跑线上，比前后的差距，比薪水的多少，比职务的高低，甚至比房子的大小，比儿女的差异。这种看似人有三六九等的比法，其实是人性之外的一种社会比较，这种比较最易使自己的人生框入别人的生活模式里，让本是活鲜而独特的生命失去应有的张力。

作为人，智慧的处世方式是珍爱自己的风格，守住自己的精神园地，保持自己的个性尊严，使自己成为最好的自己。

生命闪耀

天生其人必是才，天生其才必有用。这是亘古不变的真理。

每个人出生，必赋其使命。为让其有能力完成使命，在其身上注入了必备的潜能，这种潜能就是每个人的长处和优势，它就是帮助我们打开成功大门的钥匙。

可惜的是，这个立世的长处没有明确地写在人们的掌心或额头上，而是把它注入人们的自信和汗水里，注入人的思考和精神里。

在人生的旅途中，每一个人都曾迷惑和彷徨，不知道自己的长处在哪里，不知道自己的潜能有多大，不知道自己的路在何方。造物主之所以不直接告诉我们拥有哪些潜能，是想让我们在完成使命之前历练心力，磨炼意志，好让我们在成功面前不自傲，在掌声之中不迷失，在鲜花前不陶醉。因此，它有意将我们的潜能放入挫折和坎坷里，放入曲折和泥泞中。

然而，有些人终其一生都不明白这个道理，他们肤浅地理解天意，盲目地听从命运。他们不知道自己的潜能就在劳其筋骨，饿其体肤，苦其心志的磨炼之中。他们拒绝尝试，害怕嘲讽，畏惧失败。他们不知道才干和能力、知识和智慧以及那把成功的钥匙就在这些磨炼和坚持之中，始终庸碌一生。

造物主赋予每个人一把成功的钥匙，有人找到了，有人没找到。因此，人世间存在着两种生命形式：一种是腐烂，一种是燃烧。腐烂是才能的埋没，燃烧则是生命潜能的闪耀。

自我突破

1. 做你没做过的事情叫成长，做你不愿意做的事情叫改变，做你不敢做的事情叫突破。

2. 当有人逼迫你去突破自己，你要感恩他，他是你生命中的贵人，也许你会因此而改变和蜕变。

3. 当没有人逼迫你，请自己逼迫自己，因为真正的改变是自己想改变。

4. 蜕变的过程是痛苦的，但每一次蜕变都会有成长的惊喜。

5. 如果你向神求助,说明你相信神的能力;如果神没有帮助你,说明神相信你的能力。

你是如此独一无二

对这个世界来说,你是全新的,以前从没有,从天地诞生那一刻一直到现在,都没有一个人跟你完全一样。以后也不会有,永远,绝不可能再出现一个跟你完完全全一样的人。

根据遗传学原理,你之所以成为你,是你父亲23对染色体和你母亲23对染色体相互作用的结果,这46对染色体加在一起决定了你的遗传基因。每一条染色体里可能有几十个到几百个遗传因子。在一定的条件下,每个遗传因子都能改变你的人生。

你看,我们就是这样"既可怕又奇妙"地诞生的。每个人都是那么独一无二,所以你不可能成为其他人,也永远不需要成为别人,本色的你,已是自然的一个奇迹。

如若输得一败涂地,给自己点赞

🐌 生活负我,我不负自己

生活从来都不容易,但很多时候,我们回过头想到的最好的时光,却是那种失败后的坚持,是在吃过苦头之后才明白的梦想,是在被拒绝之后痛哭里才懂得的爱。

正是有这些无助迷茫、行差踏错的黑暗时刻,我们才懂得珍惜和理解真正的自己,才开始理解这个真实的世界。

一次次从泥地里站起来,我们每个人心中都有着无法抵达的过去,但也有着能抵御人世变幻的坚韧。

每个人的生命历程都记录了很多人的好时光和坏时光。那些故事,充满荆棘,却又丰满精彩。

现实残酷,我们都曾被生活辜负。内心时刻有焦灼感、永远紧绷的人,需要理清自己,放下过去,在生活微小而确定的幸福里,体验到属于自己的与众不同的人生。因为你和那些好时光,总有一天会相遇。

🐌 输一次不代表永远输

无论外面的天气怎样,每天必须让自己遇见晴朗的文字和快乐的心境。亲,每天都是一场隆重的演出,不是吗?

定力就是一种自我控制力。在佛家看来,定学修持到一定程度

人生没有停靠站,现实永远是一个出发点。

没有过不去的坎,其实,最高处的天很蓝,最远处的路更宽。

自然开慧。有定力的人，正念坚固，如净水无波，不随物流，不为境转，光明磊落，坦荡无私；有定力的人，心底清净，如如不动，不被假象迷惑，不为名利动心；有定力的人，前进有方向，遇事能淡定，为人显真诚，生活由自己安排。

既然面前的路都被堵住，你也要相信它们会有个出口，每一种"无能为力"之中都有"能力"。你来到这个世界是有作用的，所以不能因为输了一次就认为永远不可能赢。只要活着，前方总会有出路。

相信善意，生活中总会有伤害你的人，你千万别生气，生气是拿别人的错误来惩罚自己。忍一忍风平浪静，退一步海阔天空。好脾气是一个人在社交中所能穿着的最佳服饰。宽容是人与人相互理解和信任的桥梁。乐观的心态来自宽容，来自大度，来自善解人意，来自与世无争。

你要多活一些岁月才知道，你跟某些人之间永远没法斩钉截铁画下一个句号，这情感太深远，是生命里没有尽头的草原。

睡着睡着就哭醒了，这是出生；哭着哭着就睡着了，这是人生。想哭的时候却不得不笑，想笑的时候反倒落泪。好多人就这么过了一生。眼泪，是活着的证明；微笑，是活着的方向。所以每个人都追求的幸福是，哭着哭着就笑了。

时间

时间就是这样，徜徉其中尚觉得慢，一旦定睛回望，却是弹指之间。

逝者如斯，你需要跟自己比的唯一一个人，就是曾经的自己，你需要比一个人变得更好，那个人就是现在的你。

每一个成功者都是一位苦行僧，只有他才知道，通往成功的道路上到底有多少寂寞与坚持。

心中的幸福，不是转瞬即逝的，而是一种平常的持久状态。没有任何令人激动的地方，但它持续的时间愈长，就愈令人陶醉。

真正点亮生命的不是明天的景色，而是美好的希望，我们怀着美好的希望，勇敢地走着，跌倒了再爬起，失败了就再努力，永远相信明天会更好，永远相信不管自己再平凡，都会拥有属于自己的幸福，这才是平凡人生中最灿烂的风景。

看淡人生的大起大落

当你失去所有身外的价值时，别忘了你还有生命的价值。

人生就是这样充满大起大落，你永远不会知道下一刻会发生什么，也不会明白命运为何这样待你。只有在你经历了人生种种变故之后，你才会褪尽最初的浮华，以一种谦卑的姿态看待世界。

回归生活的细节，不管际遇和心情如何，我们有责任先吃好一顿饭，睡好一个觉，打点自己，收拾自己。活好每一天，每一刻，在生活的细节里。每天对着镜子，对自己微笑三次，睡前感谢自己今天的一切。无论发生什么，先善待自己。

真正的勇敢，不是背上行囊走出家门，而是在柔软的心里，放下一切包袱，真诚信任。

相似的人适合一起欢闹，互补的人适合一起变老。情爱的曼妙在于不受控制，不可预知。你永远不会知道你会在什么时候爱上一个人，又在什么时候即使眉目相映也不能共渡千山万水。

世人万千种，浮云莫去求。斯人若彩虹，遇上方知有。

面对

1. 在人生困扰和无奈的时候，我们更需要情感上的懂得与陪伴。

2. 要获得实在的幸福，就必须既不太聪明也不太傻，这种状态被叫作生活的智慧。

3. 如果你觉得现在已经是人生的最低谷，那么就要给自己获得拥抱新生活的机会。

4. 生命短暂，逝者如斯，不要留时间给遗憾。今天还不是终点，请微笑向前。

不要动不动就说自己老了

🐌 年轻

德裔美籍人塞缪尔·厄尔曼 70 多年前写的一篇只有四百多字的短文，首次发表的时候，在美国引起了轰动，成千上万的读者把它抄下来当作座右铭收藏，许多中老年人把它作为安排后半生的精神支柱。

美国的麦克阿瑟将军在指挥整个太平洋战争期间，办公桌上始终摆着装有短文《年轻》复印件的镜框，文中许多词句常被他在谈话或开会做报告时引用。后来此文传到日本，文章的观点成为许多日本人生活哲学的基础。松下公司的创始人松下幸之助说："多年来，《年轻》始终是我的座右铭。"

年轻
——塞缪尔·厄尔曼

年轻，并非人生旅程的一段时光，也并非粉颊红唇和体魄的矫健。

它是心灵中的一种状态，是头脑中的一个意念，是理性思维中的创造潜力，是情感活动中的一股勃勃的朝气，是人生春色深处的一缕东风。

年轻，意味着甘愿放弃温馨浪漫的爱情去闯荡生活，意味着超越羞涩、怯懦和欲望的胆识与气质。而60岁的男人可能比20岁的小伙子更多地拥有这种胆识与气质。没有人仅仅因为时光的流逝而变得衰老，只是随着理想的毁灭，人类才出现了老人。

岁月可以在皮肤上留下皱纹，却无法为灵魂刻上一丝痕迹。忧虑、恐惧、缺乏自信才使人佝偻于时间尘埃之中。

无论是60岁还是16岁，每个人都会被未来吸引，都会对人生竞争中的欢乐怀着孩子般无穷无尽的渴望。

在你我心灵的深处，同样有一个无线电台，只要它不停地从人群中，从无限的时间中接受美好、希望、欢欣、勇气和力量的信息，你我就永远年轻。一旦这无线电台坍塌，你的心便会被玩世不恭和悲观失望的寒冷酷雪覆盖，你便衰老了——即便你只有20岁。但如果这无线电台始终矗立在你心中，捕捉着每个乐观向上的电波，你便有希望超过年轻的80岁。

所以只要勇于有梦，敢于追梦，勤于圆梦，我们就永远年轻！

千万不要动不动就说自己老了，错误引导自己！年轻就是力量，有梦就有未来！

现在的你

将来的你，一定会感谢现在正在拼搏的你。

1. 有一个清醒的头脑比有一个聪明的头脑更重要，有一种良好的习惯比有一种熟练的技巧更实用。

2. 人生需要一点冒险精神，否则就抢占不了"高地"；人生需要一点风险意识，这样才能有效保护自己。

3. 我们缺少的不是机遇，而是对机遇的把握；我们欠缺的不是财富，而是创造财富的本领；我们缺乏的不是知识，而是学而不厌的态度；我们缺少的不是理想，而是身体力行的实践。

4. 好心情才会有好风景，好眼光才会有好发现，好思考才会有好主意。

5. 世间的事情都是如此：当你刻意地追求时，它就像蝴蝶一样振翅飞远；当你专心致志时，意外的收获已悄悄来到你的身边。

鹰击长空

老鹰是世界上寿命最长的鸟类，年龄可达 70 岁。要活那么长的寿命，它在 40 岁时必须做出困难却重要的决定。当老鹰活到 40 岁时，它的爪子开始老化，无法有效地抓住猎物。它的喙变得又长又弯，几乎碰到胸膛。它的翅膀变得十分沉重，因为它的羽毛长得又浓又厚，使得飞翔十分吃力。

它只有两种选择：等死，或经过一个痛苦的更新过程。它必须很努力地飞到山顶，在悬崖上筑巢，停留在那里，不得飞翔。老鹰首先用它的喙击打岩石，直到完全脱落，然后静静地等候新的喙长出来。它会用新长出的喙把指甲一根一根地拔出来，鲜血一滴一滴地往外流淌。当新的指甲长出来后，它便把羽毛一根一根地拔掉。5 个月后，新的羽毛长出来了。老鹰开始飞翔，生命又得以延续另外一个精彩的 30 多年。

　　一个人的成长过程也一样，必须经过蜕变期，才能持续发展。栽个跟头、吃点苦，没事。好像一个小孩从小要磕磕碰碰，有点小病小灾一样，经历点磨难，从中吸取教训，抛弃旧的东西，痛定思痛你就会成长，否则永远长不大。

　　每个人都有低谷、困境的时候，也都有高峰、得意之时。低谷时坚持，挺住就会走出谷底；高峰时谦恭，得意而不忘形，潜心修炼，方能取得最后的胜利。我们需要自我改变的勇气与再生的决心。只要我们愿意放下旧的包袱，抱着一颗谦恭的心，不断学习新的技能，改变自己，就能发挥我们的潜能，创造新的未来。

生活不必一味讨好别人

所谓幸福

　　罗素曾说过，参差多态才是幸福的本源。

　　幸福原本就是一种私人的感受，任何局外人与旁观者都无法替代当局者去感受和思考。

　　每个人都有自己的选择，无论选什么，都无可厚非。但你所选择的幸福模式不应凌驾他人的意志,也不努力讨好和取悦,更不轻易投身于第三人制订的评价体系,然后,获得自我的饱和、深沉及慈悲。那将可能是一种与众不同、充满创造力、不囿于成见的人生,在这样的人生里,我生存着,而且生活着。

有些人来到这个世界上,是为了活得好看;而另外一些人,却是为了活得更好。

方向

1. 一味迎合那些不愿激励和肯定别人的人会降低自己对目标的期望。

2. 当你觉得自己忙不过来时,就停下来做一下深呼吸。有的时候停下来是为了让自己看得更清楚。

3. 欣赏那些微不足道的事,因为或许某天当你回望人生时,你会发现它们的无比重要。你人生中最美妙的组成部分便是由那些零零碎碎的片段串连而成的。

4. 现实世界不偏爱完美主义者,只回报那些最终能够完成任务的人。

5. 不要期望一切都很顺利。感到挫败或灰心丧气是很正常的。你不必假装自己很坚强,也没有必要向别人证明什么。

6. 人是否能实现自己的梦想在很大程度上就取决于是否对自己负责。当你把自己所面对困境都归咎于别人时,你就是在逃避责任。不是别人而是你自己才能改变自己的人生。

7. 不要幻想自己能做所有事或成为任何一个人。这样的想法只会让你筋疲力尽。但是，给你身边的人带去一点快乐确实能改变这个世界，即便无法让整个世界变得美好，但你确实让那个人的世界变得美好。所以，把你的注意力都聚焦在你力所能及的地方吧。

不随波逐流

艾伦·金斯伯格曾经说过，追随你内心的月光，不要掩藏狂热的一面。换言之，在这个总是试图使你变得和所有人一样的疯狂世界里，你要有成为独一无二的勇气。

永远不要让别人对你的期望影响到你对你自己的期望。清楚你真正渴求的是什么，你就不用再向任何人证明什么。

我们每一个人来到这个世界上就是要去找到自己的生活之路，如果我们按照其他人的想法去生活，就永远也不会快乐。你拥有感受涌上心头的任何感觉，并去追随使你感到快乐的那条路的权利。不要拿自己和别人作比较，或被其他人的成功吓倒。听从你的直觉，永远不要放弃自己，不要期望别人能够理解你的旅程，尤其是那些不和你走在一条路上的人。

选择不是为了取悦他人

每一个清晨醒来，我们都可以选择用怎样的心情来面对新的一天。生活中，有一些事情的发生可能让人始料未及，但即使在最阴霾的时刻,你仍然可以选择以晴朗的心境去面对。你遭遇的每个状况都是一道选择题,你可以选择自己如何反应,如何不让别人影响你的情绪。不管怎样,你的选择决定了日后的生活方式。当我们做出的选择是遵从内心的想法而不是为了取悦别人时,做选择就会容易一些。

追求认同感

婴儿完全是靠父母亲的认同生活,成长的过程中,我们开始把寻求认同的目光转向老师和长辈。当爱情或友情破裂时,我们会感到痛苦。心痛,不是一种文学的比喻手法,而是一种真实的生理体验,关系结束会带来强烈的撕裂感。

成长时的认同感,让你觉得自己在不断地"成长",越来越"有面子有地位"。当这种外界的认同成为自我的主要部分时,说明你被别人的认同绑架了。

别失去自我

灵魂只能独行。两个人格独立的人,无法永远一致,当方向不同,意见相左时,你会感到巨大的空虚和疼痛感,甚至觉得"失去自我""没有生活意义"。为继续保持这个你认为的"自己",只有选择跟别人走。就如同为了不失去朋友的认同,甘心一辈子做没有主张和不辨方向的"老好人";为了不失去大众和旁人的认同,名人们甘心做一个粉丝眼中完美的"假人",被粉丝绑架。这并非善举，而是无能的表现。寻求"被认同"是社会的构成理由，但是一旦过度追求"被认同的我"，真我就会遍体鳞伤。

你以为大家都喜欢和离不开你，其实是你离不开他们的喜爱。是让他们反过来占据了你，真实的自己被你弄丢了，这就是虚假自我的游戏脚本。

不是命运多舛，也不是因为自己有多背，而是你的内心需要被填满。如果没有从内至外的修炼，这个轮回将会无休无止。所以，亲密关系中，你是谁，你就会遇到谁。你若盛开，清风自来。

Part 5

站在岁月之巅放牧心灵

在这喧闹的凡尘,我们都需要有适合自己的地方,用来安放灵魂。只要是自己心之所往,都是驿站,为了将来启程不再那么迷惘,以风的执念求索,以莲的姿态恬淡,盈一抹微笑,将岁月打磨成人生枝头最美的风景。

不要跟消耗你的人在一起

和谁在一起

每个人的生活都一样,细看是碎片,远看是长河,在这样的时间中寻找幸福,寻找能够让自己幸福的一切事物:健康、平静、物质、荣誉、成就。

不要跟消耗你的人在一起!

因为未来不是属于有钱人更不属于没钱人,是属于正能量的人!如果你想要幸福,就去找一个能够让你感到幸福的人吧。

不要找一个没有激情、没有好奇心的人过日子。拥有正面能量的人,对很多事情充满好奇,无论遇到什么样的新鲜事物都想尝试一下,你会发现世界很大,值得用一生去不断尝试。

不要找一个没有安全感的人过日子,拥有正面能量的人,会对生活乐观,对自己信任,他们知道生活本来就悲喜交集,所以已经学会坦然面对。

不要找一个容易放弃的人过日子。拥有正面能量的人,坚定自己的信念，拥有人生的目标，知道自己的所需并为之不断努力。他们欢迎变化也制造进步。当困难来临，他们知道山丘后面会有更美丽的风景。

努力去爱一个拥有正面能量的人吧，这比任何财富更能长久地滋养你的心灵！

正负能量

每个人身上都带有能量。

乐观积极的人，充满热情、希望与信念。这样的人带有正能量磁场，和他们交流会让你有快乐、向上、信任的感觉。跟他们在一起是安全、放松、愉悦的，让你感受到生命的意义和生活的趣味。

而情绪多变，容易悲观、畏惧、八卦、抱怨，看什么都不顺眼的人，带有负能量。你跟他们在一起时可能感觉到不安全、紧张，处于防卫状态。你会觉得有被吸取、压榨和自卑的感觉。

人的一生是一个消耗能量的过程，一定要人为地加以控制。如不能有意识地积蓄正能量，不和正能量的人在一起，你的能量场就会减弱直至消耗至尽。人的能量是有限的，假如你认识到自己的正能量不足以强大到能够抵御负能量时，要先学会远离负能量。

正能量，代表着一种充满阳光的心境，犹如一种磁场，给对方的心灵以强大的吸引力。要想可持续地释放正能量，就要和有正能量的人在一起，一边吸收正能量，一边释放正能量，吸放之间，生命恒新。

沉得住气，世界就是你的

扛住命运

人的一生中谁都有不受命运待见的时候，但生活的意义不在于杜绝它讨厌你，而在于怎样活得让它喜欢你，命运对你残酷，你就要扛得住。

细胞的代谢每时每刻都在发生，一个人的生活状态也是如此，承受命运的残酷，剥离不能改变生活现状的抱怨和愤恨，同时不间断培养新的能力：无畏而庄严地守护自己的初心，不依赖任何力量，不放弃任何执念，相信自己的抉择。哪怕手无寸铁，也要有举刀而立的气魄，纵隔万水千山，也不能阻断风驰电掣的喜欢。

生命中的每一件突发事件都有可能将现在的你推向未知，这一切没有谁能够掌控，唯一能做的就是扛住这一切。扛得住你所受的苦，世界就是你的。

生命的苛待和考验如潮水来去无定，不要担心成为灾难的主角，要尽最大的努力帮助自己，走到温暖明亮的地方去。

希望

1. 无论生活多么艰难，总有一缕阳光会洒在你身上。
2. 生命中总会有一段时光充满不安，可除了勇敢面对，我们别无选择。

放下了贪念、看淡了得失，才有用心品尝这世间散淡的幸福。

当你埋怨命运对你折磨时,应感谢上苍的考验;
当你觉得路很难行走时,应感谢自己的努力。

3. 有时，很多事看似足以把你打倒，但真正能打倒你的只有你自己。

4. 有时，最艰难的抉择，会成为我们干过的最漂亮的事。

5. 今天你肩上的负担会变成生命的礼物，而你受过的苦将照亮你前行的路。

6. 现在的你站在什么位置并不重要，重要的是明天前进的方向。

7. 人生随时可以重新开始，关键在于你敢不敢果断地转身。

8. 努力过后才知道，很多事情坚持坚持就过去了。

9. 对明天最好的准备，就是在今天做得最好。

10. 不要失去希望，你永远不知道明天会有怎样的惊喜！

归零心态

适时把自己"归零"是一种成功的心态。人生有成功与失败、顺境与逆境。顺境时，把自己适时"归零"，可以戒骄戒躁，消除"骄娇"二气，不把成功和顺境当"包袱"背起来。逆境时，固然会失去很多，但能够在失去时勇于"归零"，才能重新面对自己，从头开始，积极奋斗。

适时把自己"归零"，就会不断追求卓越。需要一步一个脚印地前行，不断把每迈出的一步当作万里长征的"第一步"，也就是在一个成绩"归零"之后再赢得新的成绩。这取决于奋斗者的心态。一般来说，有什么样的心态就有什么样的努力，有什么样的选择就有什么样的结果。

归零心态，人生大智慧的体现。在不断"归零"的基点上让人生重新起航，就一定会胜利到达理想的彼岸。

臣服

臣服是一种简单而深邃的智慧，是要人顺着生命之流，而不是逆流而游。

你能够体验生命之流的唯一时刻就是当下，臣服意味的就是无条件和无保留地接纳此时此刻，停止对本然做出内在抗拒，停止好恶评价并摆脱负面情绪。人遇到逆境的时候特别不容易臣服，因为这时心智所希望的和当下本然会出现巨大的落差，那是一个让人痛苦不堪的落差。

如果你活得够久，就会知道逆境是人生常有的事。然而，也正是在逆境的时候，人们最需要学会臣服，如此才能化解你的痛苦与哀愁。

臣服于本然，可以让你实时摆脱心智的桎梏，与本体重新联结，抗拒其实就是心智运作的产物。

臣服纯然是一种内在状态，它不表示你不能对外采取任何行动，改变你的处境。事实上，你需要去臣服的不是整个的处境，而只是其中一小部分，那就是当下。

品味苦痛

逆境是人经由黑暗走向光明，经由伤害走向觉醒，经由痛苦走向喜乐的过程。没有人能避免生命之苦，但也因此我们才会有所觉悟，灵性才能得以成长并变得完整。

有人说，如果老天爱我们，为什么还要让我们痛苦？老天并没有"要"我们痛苦，只是借痛苦的经历让我们体验自己。当你遇到挫败，生了重病，遭遇亲人离世，等等，在经历过无数孤寂难眠的夜晚之后，你就会觉醒。

如同麻醉，它使人失去意识，不觉痛苦，同时也失去对世界的觉知。意识是痛苦的来源，同时能帮助我们觉醒。我们常说"痛改"，痛了才会改，不痛，人是很难想到改变的。

痛是身体的感觉，苦则是心里的感受。只有人类才能感觉到"苦"。肉体的痛，引发精神上的苦；外在的痛，引出内在的苦。从痛苦中得到进化即是智慧，从痛苦中获得解脱即是喜乐。人的内在尚存缺陷，要经历过苦难之后才能达到完整。

拥抱改变

30年前的儿时伙伴、20年前的同校学友、10年前的单位同事，再次相聚时，人们会发现原来儿时的伙伴、同学和同事都变了。有的人，变成众人羡慕崇拜的"雕塑精品"，而有的人，还是一块价值不高的"普通石头"。

在这个世界上，总是一小部分人坚定信念和坚持梦想，至死不渝地在努力。但更多的人只是在观望、犹豫该不该去行动。成就与成功背后最大的支点就是专注与坚持。

不是人人都能站在成功的最前列。生活的挫折和磨难是人生的必经之路,只是有的人根本就不畏惧经历挫折和接受磨砺,而是迎刃而上,越战越勇。而有的人,则是太关注苦痛,太惧怕苦难,只会回避和逃脱。最后验证的是那句话:命运是自己掌握的,成功是自己造就的。

心理学家认为,心理抗挫能力决定一个人事业的成败。轻度的挫折是一种"精神补品",是"心理免疫疫苗"。抗挫能力不是避开负面情绪,而是让你自己感受负面情绪,然后自行解脱出来,重新出发。

此刻,让我们张开双臂去拥抱未来的一切改变吧。

心灵有家,生命才有路

心灵有家

心灵有家,生命才有路。

生命的魅力在于"静"。外表的宁静给人以美,内心的宁静给人以慧。我们要学会和外界独处，和生命独处，和自己独处。学会独处的人，心胸才能够豁达；学会独处的人，心智才能够成熟；学会独处的人，才能领悟生活的深邃。独处是灵魂生长的必要空间，独处让我们内心充实。我们就在无数个独处中渐渐坚强起来。独处，让内心更强大。

一念苦，一念乐，一念得，一念失，我们的心在苦乐得失间无数次地来与去。当我们感到疲倦时，就要护理好内心。心平静了，才能听见自己的声音；心清净了，才能看见万物的清澈；心放下了，才不为他物所负累；心明了了，才不因外境而迷离。

如果，人生是一个剧场，这个导演不在别处，就在心里。

岁月

与大家分享一段哲思小文。

站在岁月之巅放牧心灵，山一程，水一程，红尘、沧桑、流年、清欢，一个人的夜晚，我们终于学会了：于一怀淡泊中，笑望两个人的白月光。

盈一抹领悟，收藏点点滴滴的快乐，经年流转，透过指尖的温度，期许岁月静好，这一路走来，你会发现，生活于我们，温暖，一直是一种牵引，不是吗？于生活的海洋中踏浪，云帆尽头，轻回眸，处处是别有洞天，云淡风轻。

让灵魂跟上脚步

不知道从什么时候开始，我们变成路上那个匆匆而去的背影，似乎每个人都很忙，忙得像一只一刻都不能停止旋转的陀螺，步履匆匆，无暇侧目。没有时间与家人一起吃顿饭，没有时间与朋友聊天，忙工作，忙升职，忙挣钱，来不及细品生活的滋味，来不及静品午后的时光。

读书看报，喜欢浏览标题。一目十行，囫囵吞枣，没有心情去领悟书中风物人情的细致，变成了名副其实的标题党，因为忙乱，所以心安理得地停留在浅阅读的层面上。

真的不知道从什么时候开始，我们看不见路边开满鲜花的树，忽略了小桥流水的灵秀，来不及去品味亲情之暖、爱情之美、友情之甘，来不及品味生活中种种细节带给我们的感动。半夜醒来，瞪着天花板茫然之际，忽然看见自己，一个人踽踽独行，有些孤单，有些凄惶。不知道自己想要什么，也不知道自己想去哪里。仿佛什么都想要，却一直是两手空空；仿佛哪里都想去，却一直停留在原地。

其实，对于这个世界来说，你就是一个人，可有可无，可多可少，可是对于某个人来说，你却是整个世界。活得仔细一点，活得认真一点，是对自己的期望，也是某人对你的期望。

古印度有一句谚语："请走慢一点，等一等灵魂。"这些年，身体一直在朝着一个方向不停地奔走，而灵魂却一直在不远处若即若离。不知不觉中，我们在生活中背离了自己，说着言不由衷的话，做着并不顺心的事儿，被诸多的欲望追赶着脚步，没有幸福感，没有方向感，茫然而混沌。浅草没马蹄是一种闲情，采菊东篱下是一种意境，请带上灵魂赶路，请带上心去生活。不妨试一下，生活肯定会变成另外一番景象。

心量

同样是一颗心，有的能大如虚空，包容一切，有的却只能装下一己之悲欢。有大心量者，方能有大格局；有大格局者，方能成大气候。

有人说：心有多大，世界就有多大；梦有多远，脚步就能迈多远。如果你的心还不够大，就用经历、痛苦与磨难去撑大它吧。

那些放下，就是为了更好地前行。好与不好都走了，幸与不幸都过了。人生的际遇，一如昨日的雨，淋过，湿过，走了，远了。曾经的美好留于心底，曾经的悲伤置于脑后，不恋不恨。

过去终将是过去，那人，那事，任你留恋，都是云烟。不断学会放下，因为人生总是从一次次告别中走向明天。

人生，顺其自然就好，心安自然快乐。有所求而有所不求，有所为而有所不为，不用刻意掩饰自己，不用吃力奉迎他人，只是做一个简单真实的自己。即使失意，也无所谓得失，坦坦荡荡，真真切切，平平静静，快快乐乐。心安，便是活着的最美好状态。

心境

心境是心灵居住的环境,是感知一切的氛围。豁达、明朗、淡泊也好,浮躁、阴暗、狭隘也罢。外在和内存的各种因素,把我们心灵装扮得异彩纷呈……

拥有纯净平和的心境是仁者,能保持坦然宁静的心态是智者,把自己的心境涂抹得面目全非,则是人生最大的败笔。

身外之物可以抛开,心灵的环境只能靠自己来营造。欲望永无止境,把能实现什么来衡量人生,只能永远成为欲望的奴隶。只有心灵纯洁,思想高尚,心态健康,你才能真正主宰自己的命运。

人活着,不是仅仅满足于对物质的占有和索取,更多的是精神方面的需求、感悟、感知与感动。人生因感悟而认识,因感知而聪明,因感动而生情……

回归

虽然身处纷繁,但每个人内心都渴望有一片宁静之地。真正的平静,不是避开车马喧嚣,而是在心中修篱种菊。学会接受、面对,更要懂得放下。

你拥有什么,那只是外在的境遇,真相取决于我们内心怎样去诠释它。你的生命经验证明,真相不是在于外在发生了什么事情,而是你对这件事情原形的诠释。你对这件事情的解释和反应,造成了你的烦恼和痛苦。所以,回归内心显得尤为重要。

人生就是走在修行路上,修行需要修心。把心安住下来,不被各种妄象搅扰。你慢慢就会发现：那片宁静、那片清澈，无须远寻，就在心里。

时光深处，轻握一份懂得

人生就是没有回程的单行线，生命就是一趟旅程，沿途的风景再美，也要学会边走边忘。能让你强大的不是坚持而是放下，能让你淡泊的不是得到而是失去，能让你懂得的不是一帆风顺而是挫折坎坷，能让你重生的不是等待往事结束而是勇敢地和它说再见。苦难是一把双刃剑，带给我们伤痛的同时，也会让我们瞬间成长。生活有酸有甜，友谊有浓有淡，生命有长有短，学会接受百味人生，时光深处，轻握一份懂得；生命的路口，静待花开。

灵魂深处

人的一生中会面临很多选择，总有一个思考事关人生存在的时刻，那是灵魂深处的一种呼唤。

有人说：我们每个人好比一座小楼。二楼是每位家人各自的房间，一楼是公共场所，地下室则是"灵魂地下一层"。那是一片广阔的空间，储存着我们记忆的碎片。而不为人所知的是，在更深处的"地下二层"，还有一间漆黑的屋子。没有人知道这个黑屋子有多深，也没人知道它的最低处能到达何处，那就是灵魂深处的世界，鲜为人知，深不可测。

那些脍炙人口的艺术作品因为能深入灵魂深处，所以能引起听众或读者的共鸣，让人震撼、无法忘却。

　　人若是没有深入灵魂探究的故事，就难以维持"自我"。小孩们需要故事，每当他们听到别人说什么，就本能地跟着模仿，那是他们自我探索的一种模式。于是，一个个简单的故事，就在他们的生命里生长起来。灵魂深入的呼唤，影响着你的选择与出路，于是，这世界上的每一个人，都在自己或繁或简、或喜或悲的故事里，体验着独一无二的人生。

命运

　　人的心具有两大特点：一是选择，二是创造。

　　选择与创造，是人之所以成为万物之灵的关键所在，也正因为这两大特点，人类才创造了五千年的文明。而在改造世界的同时，人类自身命运也随之发展。从这个角度来说，心就是命运的真正主宰。

　　但在很多时候，人的某些行为一旦形成习惯，心就会不知不觉地进入惯性轨道、被其所控，不是我们想改变就能轻易改变。这就必须借助修行来调整，事实上这正是修行的难度所在。因为习惯是由日积月累而来，有着根深蒂固的力量。这种力量，就像引力将我们固定在地球一样，使我们难以超越，难以摆脱当下的凡夫状态。

　　所以说，命运不是上天的赐予，不是偶然的机遇，是由不同的行为所决定的，是由我们自己的心所设定的。

把你的负能量一键删除

美丽出自痛苦

高中时读过一本关于梵高的书,记得让我感触最深的一句话就是,美丽出自痛苦。

有人说:别怕,痛是一种药,可以治愈你。痛让我们更亲近自己的内心,真切地感受心灵的底线,以及看清内心掩盖着的脆弱与曾经记忆着的伤痕。一件令你伤心的事,或一个令你伤心的人让你内心产生痛,并非因为这件事或这个人本身。你的痛来自自己内心痛的记忆,此时的情境只是一种触发。

痛的根源是压抑,痛的疗愈是释放。身体的痛来自经络不通,心里的痛来自内心的能量不能释放。正如哭泣是内心负面能量的释放,发脾气是对内心感受的一种勇敢表达。哭泣,可以不是哀怨,而是释放;发脾气可以不是迁怒别人,而是找一个不伤他人的出口。

痛是爱的呼唤,所以痛只是一种自己想法的顽疾,和别人无关,和事情无关。如果不明白这一点,一味地外求,将会让自己落入更痛之深渊。

痛是生命中一种很重要的感觉,不要排斥它,带着觉察和爱,它将会是一个丰厚的礼物。

修炼心性

远离抱怨：人容易被自己的语言催眠，挂在嘴上的抱怨，将会让你的人生变得灰暗。

拒绝借口：压力使你不堪重负，失败让你失去信念，这些黑暗的感受，都只是为不想努力而退缩所找的最拙劣的借口。

保持专注：时间是最公平的资源，你把它浇灌在哪里，哪里就会开花结果。

坚持阅读：当能力驾驭不了你的目标时，就该沉下心来历练；当才华撑不了你的野心时，就静下心来读书。点点滴滴的积累，终会变成一日千里的长进。

打败拖延：等待和拖延，是最容易压垮一个人斗志的东西，唯有行动才能解除你所有的不安。

停止后悔：时间不会因为后悔而停止，与其为它停留，不如擦干眼泪，大步向前。

学会分享：分享一个幸福，就会有两个幸福。分享，使你在人生路上颠沛流离时，也有人始终陪伴你。

永不放弃：永远不要用现状去判断你的未来，也别让你配不上自己的野心，辜负了曾经的苦难与磨炼；只要坚持，就能获得意想不到的结果。

克服恐惧：犯错不可怕，可怕的是失去重新开始的勇气。走自己该走的路，做该做的事。记住，奇迹还有个名字叫不懈地努力。

丢弃抱怨

抱怨是在讲述你不要的东西，而不是你想要的东西。既然是你不要的东西，你为什么要去关注它呢？抱怨会带来三大危害。

1. 抱怨是三方受害。

从外表看，抱怨似乎是在不经意地流露不满情绪，虽在发泄不满情绪，其实抱怨的背后却是在进行一种三角关系的游戏。

在抱怨者的三角关系游戏中，抱怨者自己充当一个受害者的角色，被谴责的那个人充当的是一个坏人的角色，旁边还有一个倾听者。抱怨者会突出自己的不幸和苦难，甚至会扩大或扭曲那个坏人所做的事，以赢得倾听者对自己的同情，希望倾听者一起谴责那个坏人。倾听者会有压力，必须同情抱怨者，否则就会觉得内疚，觉得自己也不是好人。

这个过程很纠结。从外表看是一人受益，抱怨者发泄后会感到舒服，其实从内看，三者都是受害者。

2. 抱怨是给失败找归因。

在生活中常听到这样的抱怨：没有获得事业成功，是因为从小的教育环境和家庭背景不够好；没有考上重点学校，是因为老师选题不准；没有拿下订单，是同事的方案做得不够好；经常失恋是因为自己不是"高富帅""白富美"……

事情失败了，习惯归结于他人的不体贴、不配合或不支持，从而逃避了责任。抱怨不仅是我们最大的敌人，还会影响我们的人际交往。

抱怨会让我们陷入一种负面的情绪、负面的生活工作态度中；我们会习惯性地在他人身上找缺点，包括最亲密的人，我们会变得挑剔和计较。抱怨会影响人的快乐心情。

3. 抱怨是生活中的盐。

抱怨就像在汤里放盐，只需一点点就足够了。如果放过量了，不仅自己会失去生活的乐趣，也许会给社会造成麻烦。

获得能量

从能量的角度讲，一个人的命无非就是由体能、智（慧）能、德能三部分构成。德如能量的树根，慧是能量的树干，体能是枝叶。

整个生命过程就是能量的获取与释放的过程。能量的获取来自虚、静。虚极、静笃是道家修炼的最高层次。静，代表你开始减少能量的消耗，而虚，才能开始从太空宇宙中吸收能量。你有什么样的内心，就会感召到什么样的能量。这就是同气相求、物以类聚的道理。

当你充满欢喜心、慈悲心、包容心时，时空的能量会源源不断流入你的身体；当你打开智慧之门，法喜充满时，你获得的能量将超乎你的想象。在一个人真正发一个大的善愿后，他会瞬间得到无限的能量。

反之，当你内心充满怨恨、恐惧、无奈、嫉妒、烦恼时，你的能量会迅速流失，加速衰老与死亡，尤其是恐惧，它会让你的能量顷刻间丧失殆尽，甚至失去生命。

领悟

1. 人一生中只有 5% 是属于精彩的，也只有 5% 是属于痛苦的，其余 90% 都是平淡的。人们往往被 5% 的精彩诱惑着，忍受着 5% 的痛苦，然后在 90% 的平淡中走完一生。

感悟：

人的一辈子真的要被 10% 控制吗？

想开点、看开点，平平淡淡才是生活的本质。

2. 所有负面的情绪，对于你所不满的人和事情不起一点作用，而对于你自己和你的亲人友人却有着很大影响！

感悟：

乐观一点，人一辈子很短暂，有时一转身就是永远……

3. 感觉不到痛苦的爱情不是真正的爱情，感觉不到幸福的婚姻不是真正的婚姻。

感悟：

爱情有时是一个可以一笑了之的段子，婚姻却是一本长篇小说，而幸福则是一种领悟。

大多数幸福是不花钱的

🐌 平凡人生

法国哲学家蒙田说:"一个人能够与家人和睦相处,这是人生的重大成就。"

一个人活在世界上,一定要有相爱的伴侣、和睦的家庭、知心的朋友。再忙也一定要和家人一起吃晚饭,餐桌上一定要有欢声笑语,这比名利地位都重要得多。

生儿育女、亲情、家庭,这些东西的确很平凡,但是,正是这种平凡的生活对人类来说是最重要的。我们往往有很多野心或者说雄心,要在这个世界上轰轰烈烈地干一番事业,要铸造辉煌与卓越,但是千万别忘记了,平凡生活才是人类生活中最重要的部分,它们组成了人类生命的永恒核心和基础。

说到底,一切的不平凡最后都要回归到平凡,都要用对平凡生活做出的贡献来衡量它们的价值。

🐌 幸福之源

所有的故事,都将有一个结局。但幸运的是,每个结局又会变成一个新的开始。其实,每个人都是幸福的。只是,你的幸福,常常在别人眼里。幸福这座山,原本就没有顶,也没有尽头。

"金无足赤,人无完人。"每一个人,都有自己独特的魅力。

我们可能智力平平、貌不惊人，也可能生活坎坷、身处逆境，但我们最需要的，是静下心来欣赏自己，欣赏自己的耐力、勇气和信心，从而用心去品尝苦涩生活中所蕴含的甜美滋味，让我们拥有抵御一切逆境的动力。

与浩瀚的历史长河相比，生命短暂而美好，没时间纠结，没时间计较。朋友在一起的时候，彼此温暖，彼此慰藉，彼此鼓舞，那就足够了。

幸福不会总来敲门，爱你的人不会经常出现。茶凉了，就不是原来的味道了；再回味，也不是原来的心情。一切都会慢慢变远，渐渐变淡，拥有时，好好珍惜；离开了，就学会默默祝福。

真正地认识自己，悟透自己，把握自己，才能正确找到人生幸福的航向，从而撷取到生命的真谛。

做自己

不要幻想成为那个"不是你自己"的你。

人生的一大挑战就是埋葬真实的自己并渴望自己能成为其他人。总有人比你漂亮、比你聪明、比你年轻，但是他们都不是你。不要成为其他人，而是要做自己，这样人们才会喜欢你。

我们朝思暮想的东西有许多，且是非常昂贵的。但真正能让我们满意的都是免费的，如爱、欢笑和追随激情的脚步。

所以别指望从他人身上获取幸福。

假如你对自己都不感到满意的话，那么从长远的角度来讲，无论你和谁相处你都不会感到快乐。所以在你开始与他人分享你的人生之前，你要做的就是要让内在的自己变得美好。

看见当下的幸福

珍惜眼前人，珍惜眼前事！

人性的一个共同弱点就是企盼得到自己没有得到的东西，而对自己现在所拥有的一切却不那么珍惜。只有在失去自己现在所拥有的东西时，才倍感它的珍贵与不可替代。

有专家分析这种现象主要是以下三个原因所致：

其一，人类的需要具有永不满足的特征。旧的需要一旦满足，新的需要立刻就产生。这是优点，它催人奋进，并推动社会不断向前发展；这也是缺点，它使得人们的心态常处于失衡状态。

其二，人们通常倾向于看到已拥有东西的缺点和未得到东西的优点。把得到的看成是寻常的、理所当然的，而把得不到的看成是珍贵的、美好的。

其三，来自人类生来就有的征服欲。人们太想"拥有"了，尽管他并不能消耗许多。"拥有"带来的快感不是满足实际需要，而是为了满足自己的征服感。

人最大的不幸，就是不知道自己是幸福的。我们很少想到自己还拥有什么，对于失去的、欠缺的却一直念念不忘。所以说，上天为了要使我们有看见的能力，就安排了各种失去的课程。借由失去，让人们学习"看见"的能力——看见自己当下所拥有的幸福。

洞见

1. 如果手里捏着属于自己的泥土,看见青禾在晴空下微风里缓缓生长,算计着一年的收获,那份踏实的心情,才是余生最好的答案。

2. 人生像一截木头,或者选择熊熊燃烧,或者选择慢慢腐朽。风雨人生,淡然在心。

3. 人生没有停靠站,现实永远是一个出发点。无论何时何地,不能放弃,只有保持奋斗的状态,才能证明生命的存在。

4. 永远不要以为自己可以逃避什么,我们的每一步都决定着最后的结局,现在的脚步正在走向我们自己选定的终点。

5. 心结,不是你没能力打开它,而是你没有勇气离开它。

6. 幸福有一千种,痛苦就会有一千种。人生的幸福源于自我心扉的倏然洞开,就如同站在夜幕下举头仰望,但见满目璀璨繁星。

创造幸福

十个问题可以帮助我们创造幸福:

1. 我拥有什么?

通常我们会为自己没有的东西而苦恼,却看不到自己拥有的。

2. 我应该为什么感到自豪?

为你经历的所有美好境遇和体验而自豪。成绩不分好坏,每一次成功都意味着向前迈出了一步。

3. 我应对什么心存感激？

每天都有很多事情让我们为之心存感激，同时也有很多人值得我们感谢，生活的每一天对我们来说都是珍贵的礼物。

4. 我怎样才能充满活力？

每天都要计划好做一些积极的事，让自己充满活力。

5. 我今天能解决什么问题？

设法把那些原本想留到明天才解决的问题今天就解决掉，尽量在当天完成手头的工作，要敢于面对那些棘手的问题，并换一个角度看待它们。

6. 我能抛下过去的包袱吗？

建议你对过去做一个总结，把值得借鉴的经验保存起来，然后永远地卸下重负。

7. 我怎么换个角度看待问题？

人往往都是别人的建议者，却不是自己的。很多时候，根本问题就是我们看待事物的方式。很多人都经历过为一件事苦恼不堪，过后又觉得可笑的时候。悲和喜只是我们看问题的角度不同而已。

8. 我怎样过好今天？

做些与往常不一样的事情。如果我们走出常规，学会享受生活，那么生活就是丰富多彩的。我们要敢于创造和创新。

9. 今天我要拥抱谁？

拥抱是我们的精神食粮。曾经有一位心理学家说过，要想健康，每天要至少拥抱八次。身体接触是人最为基本的需求，它甚至可以帮助我们开发大脑。

10. 我现在就开始行动吗？

每天的生活都不是你想象中的那样。是让生活过得索然无味还是积极向上，决定权就在自己的手中。努力幸福地生活，致力于当下每一个真实的行动吧！

希望与幸福

尼采认为懂得为什么活着的人，无论什么样的生活他都能忍受。

意义疗法的鼻祖维克多·E. 弗兰克尔在著作《追寻生命的意义》中指出：每个人在生活中最深层的需要就是意义和目的。

弗兰克尔是一名医学博士，维也纳罗斯儿童医院神经病科的前主任，一个乐观主义者。在第二次世界大战期间，他是纳粹杀人世界——奥斯维辛集中营中极少数的几个幸存者之一。在生命处在极其恶劣的环境中，他依然保持拥有良好的心境，懂得自我超脱，对生命充满希望。

人生的意义无所不在，全看你能否发现。一个人只有对自己遗忘得越多，并且将自己献身于服务的事业，或者是他所爱的一个人，他就越具有人性，就越能实现自我。

幸福的三要素：有人爱、有事做、有希望。弗兰克尔的经历是最好的注解，因为内心充满希望，最终获得幸福的人生。

幸福是一种心态

小时候,幸福是一件东西,拥有了就幸福;年轻时,幸福是一个目标,达到了就幸福;长大后,发现幸福是一种心态,懂得爱与接纳就会幸福。心简单,世界就简单,幸福才会生长;心自由,生活就自由,到哪里都会有快乐。对于你的幸福,该负责任的只有你自己。只有接受了自己,才能感知这个世界美好幸福的存在。

感激拥有

如果你从来没遇到你的爱人,从未有机会认识你的朋友,未曾得到目前的这份事业,又会如何?要是缺少了这些你认为熟视无睹的东西,你的生活会是怎样?事情或许有另一个结局。假设性的思考可以为生活创造意义,也能让你对业已拥有的一切更加满意。

所以,当你心有厌倦之时,可以试着想象一样珍贵的东西从你的生活中消失,你就会真正意识到应为此刻的拥有而感激。感激是一种正能量满满的情绪,让我们能更好地享受和珍爱当下所拥有的一切。

所有的事情都没有理所当然,所有的付出都应心甘情愿。

宽恕他人，原谅的是自己

🐌 宽容

如何学习原谅？原谅不是为了对方，而是为了斩断过去，斩断与对方连在一起的负面情绪。我原谅你，但不代表接受你的所作所为。原谅与接受对方的行为不一定相关，只是我不想再毒害自己了。陷入愤怒时，我们必须宽恕，而大部分人总是忘记这一点。宽恕不是脑力练习，而是心的练习。你可以在脑子里说"我原谅你"达百万次，但如果不是由衷说出来的就没用。想要真心原谅对方，就必须了解人来到这个世界是为了学习功课。

🐌 投射

懂些心理学或灵性的朋友都知道，无论我们对外界的人和事物有多少批判指责，那都是源自内心对自己不满的投射。同样第一次见一个人，有人见到很开心，有人见到很愤怒，有人见到很害怕，还有人见到就想亲对方，为什么会如此？因为每个人都把自己内心的情绪投射出去，所以心不同，感受就不同。当我们放下对外界的批判和抱怨，开始觉察自己的心中出现了什么时，我们便开始有了爱自己的基础意识。

🐌 镜子

你从别人身上看到的其实就是你自己。

我们对别人的意见,主要是取决于他们使我们看清自己什么,而不是我们如何看他们。

你所有的人际关系都是一面镜子,透过它们,你才能认识真正的自己。

事实上,那些令你厌恶的人是在帮助你,帮你了解自己,让你发觉你的阴暗面。这也就是为什么当我们跟一个人越亲密,就越容易产生厌恶,因为他让你看到了自己的真面目。

别人最惹你讨厌的地方,通常也是你最受不了自己的地方。

🐌 因缘

每一个在你生命里出现的人,都有原因。

喜欢你的人给了你温暖和勇气;你喜欢的人让你学会了爱和自持;你不喜欢的人教会你宽容与尊重;不喜欢你的人,让你自省与成长。

没有人是无缘无故出现在你的生命里的,每一个人的出现都有原因,都值得感激。

因为看轻,所以快乐;因为看淡,所以幸福。我们都是天地的过客,很多人事我们都做不了主。譬如离去的时间,譬如走散的人。

"心"字三个点,没有一个点不在往外蹦。你越想抓牢的,往往是离开你最快。一切随缘，缘深多聚聚，缘浅随它去。人生，看轻看淡多少，痛苦就离开你多少。人人都怕自己不清醒，希望自己心明如镜。其实人生何必太清醒？

做粥要放三分米，七分水；处事要三分为己，七分为人；对朋友要三分认真，七分宽容；对家庭要三分爱，七分责任；看文章要三分在看，七分在品；喝酒要到三分醉，七分醒。三分，七分，不过是人生的掂量。

看的是书，读的却是世界；沏的是茶，学的却是生活；斟的是酒，品的却是艰辛。人生就像一张有去无回的单程车票，没有彩排，每一场都是现场直播。

忍让包容

关于忍让与包容，星云大师有深刻的感悟。

有时，生活就是一种妥协，一种忍让，一种迁就。并非所有的事情都适宜针锋相对，铿锵有力。多彩的生活，既有阳光明媚，也有倾盆大雨。强硬有强硬的好处，忍让有忍让的优势，任何时候，都需要我们审时度势，适宜而为。

妥协不一定全是软弱，忍让不一定就是无能，和为贵，有时，迁就忍让也是一种智慧。人生的苦乐，取决于自己的内心。以美好的心，欣赏周遭的事物；以真诚的心，对待每一个人；以负责的心，做好分内的事；以谦虚的心，检讨自己的错误；以不变的心，坚持正确的理念；以宽阔的心，包容对不起你的人；以感恩的心，感谢所拥有的；以平常的心，接受已发生的事实；以放下的心，面对最难的割舍。

向生活摆出喜悦的姿态

快乐生活

南怀瑾的一篇《生活就是为了快乐》让我们深切领悟面对生活的态度。

1. 学会沉默。

有时候，你被人误解，你不想争辩，所以选择沉默。生命中往往有连舒伯特都无言以对的时刻，毕竟不是所有的事都能列清楚，甚至可能根本没有真正的是与非。那么，不想说话，就不说吧，在多说无益的时候，也许沉默就是最好的解释。

2. 至少平静。

在你跌入人生谷底的时候，你身旁所有的人都告诉你：要坚强，至少可以做到平静。平静地看待这件事，平静地把其他该处理的事处理好。平静，没有快乐，也没有不快乐。

3. 学会弯腰，这会是我意外的收获。

和别人发生意见上的分歧，甚至造成言语上的冲突，让你闷闷不乐，那就擦擦地板消气。你发现自己其实也有不对的地方，是不是就渐渐心平气和了？有时候你必须学习弯腰，因为这个动作可以让你谦卑。在劳动的同时，你也擦亮了自己的心绪。

4. 不要想如果当初。

人生是一条有无限多岔口的长路，永远在不停地做选择。每一个选择都影响深远，不同的选择也必定造就完全不一样的人生。每一个岔口的选择其实没有真正的好与坏，只要把人生看成是自己独一无二的创作，就不会频频回首如果当初做了不一样的选择。

5. 努力吧，不管成功与否，至少曾经美丽。

漫步林间，你看见一株藤蔓附着树干，柔软与坚实相互交缠，你被这静美的一幕感动了。让幸福与归属就此驻足吧，停格即是永恒。永恒里若有这静美的一刻，未来可能遭遇的种种劫难便已得到了安慰与补偿。

6. 保持单纯。

因为思虑过多，所以你常常把你的人生复杂化了。单纯是一种恩宠状态，单纯地活在当下。当下其实无所谓是非真假。既然没有是非，就不必思虑；没有真假，就无须念念不忘又忧心忡忡。

7. 偶尔"俗气"。

偶尔你并不想让自己活得那么有意义，那就不要把自己的生活绑得那么紧。偶尔的放纵是道德的。灵气充满或许接近高尚之人，但偶尔的俗气会更平易近人。

8. 控制情绪，别浪费了。

在情绪上做文章，这是对自己的浪费，而且是很坏的浪费。所以，聪明如你，别让情绪控制了你，当你又要生气之前，不妨轻声地提醒自己一句："别浪费了。"

9. 抓住最好的时机，绝不错过。

生命也有保存期限，想做的事该趁早去做。如果你只是把你的心愿郑重地供奉在心里，却未曾去实行，唯一的结果就是与它错过，一如那件过时的衣裳，一如那块过期的蛋糕。

10. 偶尔的出离轨道。

生命中的许多时候不也如此？心无旁骛地奔赴唯一的目的，不过是履行了原本的行程而已；离开预设的轨道，你才有机会发现其他的风景。

11. 悄悄地回归平静。

许多事物悄悄地在你的视线之外进行，而且悄悄地安排好了它们自己。天生万物，天养万物，一切其实无须担心……你需要做的就是做好自己，不留任何遗憾。

简单生活

有人说：生活，就像一个无形的天平，站在上面的每个人都是在无尽地"摇晃"，但最终都是为了寻找一个平衡的支点，使自己站得更稳，走得更远，活得更精彩。

时间载我们游历，赋予我们神奇，我们在简单的时光里一如既往地收获着真实和幸福，一切都可以在简单中深深的自省和悟得明白。

每一次的彷徨，每一次的奋起都为我们的阅历增加了砝码，为我们的历练增添了分量，使凡简的人生不断超越，让鲜朗的生命不倦地积淀，抛开捷径，坚稳地走路。

笑对人生，这是一种品格、风度、修养以及智慧，是做人的最佳姿态。不纷争，不张扬，不抱怨，不哀叹，让强大的内心战胜所有挫折，这是精神的富足，让我们能够阔步向前。

在新年之初，静思，有时简单是一种深润的静美，有着含蓄的清醒和理智，有着极致的冷静和定力。平静地对待自己，对待他人，让一切归于淡然，在平静中给自己一点真实，给自己一点启示。

勇敢地生活

生命需要很大的勇气，怯懦的人只是生存，他们没有办法理解真正的生活。

因为渴求安全，我们创造婚姻；因为希望安全，我们创造出社会；因为保守安全，我们总是朝着一条既定的路线走。

人首先要学习的就是勇气，不顾一切恐惧，开始去生活。现实生活是不安全的，如果你太在意安全和保障，你就会被局限在一个小小的角落里，几乎是一个你自己创造出来的牢笼里。

生命存在于探寻，走进未知的领域，迎向光明！那些真正想生活的人必须冒险，必须继续走进未知的明天。

生活是旅程，没有开始，也没有结束。有一些地方你可以休息，但那些只是短暂停留，次日早上你就必须开始新的前行。生命就是这样一个持续行走的过程，它从来不会达到任何终点，唯有向前，向前！

风景

天下万物的来和去，都有它的时间。进一步，有风景；退一步，得心境。珍惜时光，珍惜自己，因为它们都不能重来。

如果你找不到坚持下去的理由，那就找一个重新开始的理由，因为生活本来就这么简单。不以结果为导向的生活态度，也是一种美。

优于别人，并不是唯一被称为的高贵，真正的高贵是不断优于过去的自己。

你若决定灿烂，倒影也会美得让人惊叹。

魅力人生

人最大的魅力，是有一个积极阳光的心态。

韶华易逝，容颜易老，浮华终是云烟。拥抱一个阳光的心态，得失了无忧，来去都随缘。心无所求，便不受万象牵绊；心无牵绊，坐也从容，行也从容，故生优雅。一个优雅的人，养眼又养心，才是魅力十足的人。容貌乃天成，浮华在身外，心里满是阳光，方得永恒之美。

活在当下，是全身心地投入人生的最佳生活方式，是一种最真实的人生态度。昨日已成历史，明日尚不可知，只有现在才是上天赐予我们最好的礼物。

所有的困难都是上天给你预设的劫难，使你坚强，使你充实，让你变得睿智。尝过人生百味，方懂得人生真谛。

追求人生幸福，就要保持一颗平常心，淡泊明志，于利不趋，于色不近，于失不馁，于得不骄，"达亦不足贵，穷亦不足悲"，永远不做欲望的奴隶。

人生一世，不能尽如人意，但求无愧我心。

选择最晴朗的心情，在路上

我们最大的一个错误，就是认为成功依赖天分，某种魔力，某些我们所不具备的东西。

成功的要素其实掌握在我们自己手中。成功是正确思维的结果。一个人能飞多高，并非由其他因素决定的，而是受他自己的态度所制约。

成败之间的差别是：成功人士始终用最积极的思考，最乐观的精神，最辉煌的经验支配和控制自己的人生。失败者刚好相反，他们的人生是受过去的种种失败与疑虑引导和支配的。

有些人总认为他们现在的境况是别人造成的，是周围的环境决定了他们的人生位置，并且认为这些状况都无法改变。但是说到底，如何看待人生，则由我们自己决定。弗兰克尔曾经说过："在任何特定的环境中，人们还有一种最后的自由，就是选择自己的态度。"

雾霾重重的清晨，我们可以选择最晴朗的心情，在路上！

喜悦的心态

快乐的情绪来自心识作用的自然现象，它是从潜藏内心想法、认知经过觉知心产生出来的觉知现象，不是显意识所能控制的。没有人能够想要快乐就能够快乐、想要高兴就能马上高兴起来的。

幸福只写在快乐的人的笑脸上。苦恼，增加的是皱纹；欢喜，延长的是生命线。自暴自弃，就是在重重困难的包围下，又在你的心里打了一个大大的结。

保持喜悦的心态，永远懂得知足常乐。

快乐元素

愚人向远方寻找快乐，智者则在自己身旁培养快乐。生活里的每一个细节都蕴藏着快乐，只是在于你是否感受到了而已。快乐着的人，每一件事，每一个人身上，他都能发现令自己欢悦的因素，并让快乐扩张，鼓舞和影响周围的人。

你改变不了环境，但你可以改变自己；你改变不了事实，但你可以改变态度；你改变不了过去，但你可以改变现在；你不能控制他人，但你可以掌握自己；你不能预知明天，但你可以把握今天；你不可以样样顺利，但你可以事事尽心；你不能延伸生命的长度，但你可以决定生命的宽度。

朴素的哲理

1. 许多事情远没想象中那么困难，很多貌似不可能的任务其实也都可以完成，成功的背后并不需要太高深的技巧或谋略。只要始终保持着对生活充满兴趣的态度，乐观坦然地接纳一切，最后你会发现，造物主对世事的安排都是水到渠成的。

2. 如果你的心中只接受最好的，你经常就会得到最好的。

3. 相由心生，你的容颜气度就是你内在当下的真实状态。

生活的节奏

生活是一所没有毕业的学校，而且不分专业。你遇见的事都是因你而生，你遇见的人都是为你而来。如果你问这些存在的作用？生活本身就是最大的意义。

你我都可以从现在起，决定我们未来的模样。就像慢吞吞的绿皮火车，也许它很慢，但总会到达你的那一站。

想要看清事实，必须要经历一些疼痛。

生活总是这样，你以为失去的，可能在来的路上；你以为拥有的，可能是在去的途中。

Part 6

聆听那些禅语佛道,过好此生

听了那么多道理,为什么依旧过不好这一生?因为生命的禅意不在一经一卷中,而在一呼一念里;心态的超凡不在一字一句中,而在一言一行里。

大度看世界,从容过生活

🐌 存在

佛,无处有;佛,又无处不在。

水不洗水,尘不染尘。人生不可能一尘不染,也不会没有一点杂质,就像水至清则无鱼。

人生有一点点甜,也有一点点苦;有一点点好,也有一点点坏;有一点点希望,也有一点点无奈。这样才会更生动、更美好、更韵味悠长。

再好的人也不会十全十美,再美的爱情也不可能纤尘不染,你若试着包容和宽厚,就会发现这个世界并不像任何人所以为的这样或者那样。

🐌 生活禅

生命的禅意不在一经一卷中,而在一呼一念里;心态的超凡不在一字一句中,而在一言一行里。

活着，就是一场修行；走着，就是一番领悟。有所挫折才有所奋进，有所经历才有所懂得。

当你埋怨命运对你折磨时，应感谢上苍的考验；当你觉得路很难行走时，应感谢自己的努力。以欢喜心看事，事事皆为我而来；以感恩心看人，人人皆为我而来。

倘若内心宁静，没有清音梵唱也能悠然自得。无心、无我、无欲、无求。一卷书，一壶茶，一份闲情，不在乎所处是喧嚣还是嘈杂。

他人观花，不涉我目；他人碌碌，不涉我足。身静不如心静，心静不如心清。追名逐利不如丰盈内心，趋炎附势不如观心自省。

活着，顺其自然，随遇而安，少一些贪欲，少一些虚荣，少一些无用功。心情，不在乎多少人懂，只求自心明了；哀乐，不需要人人分享，一人懂心已是足够。拥一份小情怀，守一份小宁静。简简单单，岁月静好，全在己心。

心境

每一个外显的状态都是我们内在心境的折射。

优雅从容的人生，是用一颗平静的心，平和的心态，平淡的活法，滋养出来的从容和恬淡。世上有些事，错过不是因为不懂，只为内心的宁静祥和；有些人，不愿与之争，乃是尊重，彼此都有自己的生活方式和空间。多一些宽容，多一些大度，多一些内心的审视，会释然和轻松很多。

🐌 因缘

友人转来一段文字，求从生命实相的角度来共同探讨：

人，各有各的因缘，各有各的福报；你执著什么，什么就会伤害你；你执著谁，谁就会让你伤心。一切都要看成如梦如幻，放下所有的妄念，但放下不是放弃，该做的还是要做，而且要做好。

人生如同一场戏，戏已经开场了，你就要演下去，但是你要清楚你是在演戏……

哪里有真的夫妻？哪里有真的儿女？既要演好你的角色，又不要假戏当真，其实人间并不是我们的老家，众生只不过是匆匆过客而已，有什么可执著的，有什么可计较的，少说一句又能怎样？退一步又能怎样？

🐌 结缘

观世音菩萨以慈悲为缘，普度众生，在她的慈心悲愿里，一切众生承受了慈悲的法孔，成就了慈悲的心怀。

地藏菩萨以愿力为缘："众生度尽，方证菩提，地狱不空，誓不成佛！"千百年来，地藏菩萨的这四句无量愿偈，为世人指出了成佛路，为佛法点起了长明灯！

文殊菩萨以智慧为缘，发广长舌，说无上法，为盲者现光明，以其大慧为中国佛教开创了至深至妙的大般若境界。

普贤菩萨以实践为缘，举手投足皆是道，扬眉瞬目无非法，为中国佛学树立纯朴务实的道范与高风。

除了四大菩萨之外,佛教里面的历代高僧大德,个个都有独到的结缘法门。例如:

弘一大师以书法与人结缘,以持戒与人结缘。只要是向慕佛法的人,他从不吝惜以笔墨写经句结法缘;他自己更是严谨修行,坚守戒律,绝无一言谤法,无一行犯戒,为佛法树立了"华枝春满,天心月圆"的崇高典范。

虚云老和尚以禅定与人结缘,如如不动,一心不乱,不说法而法音宣流,接万机而不随境转。

太虚大师则以说法为缘,或以文字演绎般若,或以讲经启迪迷津,奔走各方,为中国佛教的起死回生打下一剂清凉药方。

善导大师以光明和大众结缘,使眼盲者心不盲,使心盲者重现智光,为黑暗污浊的人间带来一片光明。

印光大师以念佛结缘,从念念观佛相续不断,日日持诵佛号不绝的修持中,引导信众对弥陀净土产生坚定的信心,和弥陀世尊结下妙善的因缘。

其他如印度须达长者,以布施结缘,建造了祇园精舍,成为佛陀在印度北方弘化的场所,受到举国的敬仰。

永明延寿禅师,以放生结缘,救度了无数飞禽走兽免受刀俎油锅的灾难。

超度

所谓超度,就是走完你这一辈子所有的情绪。

人，第一个要安的是自己的心。如果你感到有负面情绪，就表示还有一个负面情绪的自己。如果你常常感到悲伤、坐立不安，莫名其妙想哭，其实不是你想哭，是你里面的人在哭，表示你的内在陷入了水深火热的负面情绪里。他在等你，等你做什么？等你超度他。唯有安了他的心，你才在这儿坐得安心。所谓超度自己，就是深入你的内心，用你当下的爱和智慧，化解你内心有种种负面情绪的自己。你自己，就是你自己的观世音菩萨。

　　所谓的观世音菩萨，就是未来的你，未来已经成佛的你，会循声救苦来安抚还在无助中的你，你还在苦难当中，它就循声救苦，你要循着你的情绪，如果你不安、你恐惧，你的内在还有一个不安、恐惧的自己，甚至还是个怕黑、怕爸妈不要的小孩，就等着超度。这一步你做到了。

　　接下来，你就要超度你累世的自己。当下你的修行，当下你的智慧和心灵成长，原来还可以帮助过去在苦难中的你！

　　这代表当你开始学习身心灵的概念，当你了解宇宙的奥秘，当你开始进入生活的另一个层面，你的过去世还在哀伤中，你的过去世可能有痛苦的自己，有在哀苦的自己，有失恋的自己，你的过去世有好多的自己，都在等着你去帮忙他。

　　这一世，透过你心灵的安定，不但可以帮你把这一世的你变得更好，而且你过去世的记忆也会开始展现出来，于是你开始了一个自我成佛之旅，开始了一个自我超度之旅。

禅境

禅师问：你觉得是一粒金子好，还是一堆烂泥好？

求道者答：当然是金子啊！

禅师笑曰：假如你是一颗种子呢？

其实，换个心境，或许你会得到解脱！

一位禅师有一个爱抱怨的弟子。一天，禅师将一把盐放入一杯水中让弟子喝。

弟子说：咸得发苦。

禅师又把更多的盐撒进湖里，让弟子再尝湖水。

弟子喝后说：纯净甜美。

禅师说：生命中的痛苦是盐，它的咸淡取决于盛它的容器。你愿做一杯水，还是一片湖水？

轮回

如何看待生命之河的长度，济群法师的一篇轮回，让我们豁然开朗。

探讨有情的生死，必然涉及生命的轮回。在一般人看来，生命就是从呱呱坠地开始。而从轮回的眼光来看，今生只是生命长卷中的一个章节，只是其中一个相对的开始。在它之前，有着无穷的过去；在它之后，又有着无尽的未来。

从佛教角度来看，生命其实有两套系统，其中的物质系统由父母给予，而精神系统则来自过去生命的积累，并将继续影响未来生命,成为下一轮的起跑点。

生命是心念由内而外的延伸。轮回体现为一种生命现象,根源就在我们的心中。佛教认为,众生在天、人、阿修罗、地狱、饿鬼、畜生六道生生不息地流转。这六种生命形态也代表了我们内心的不同状态。

一个人的生命状态是在成长过程中逐步发展而来。学者有学者的气质,商人有商人的风采。这些差别,正是由不同的心性外化而来,是心念由内而外的延伸。包括轮回,也是内心发展的一个结果,不是谁强加于我们的。同样,佛菩萨的生命品质亦非本然如是。他们所具有的无限智慧和慈悲,都是在生命发展过程中逐步造就,逐步开发的。

站在历史长河的当下,看逝者如斯,是否有所领悟和慨叹,直抵那个生命的彼岸?

重温问佛

1. 问佛:为什么人只有一个心脏却有两个心房?

佛说:因为人生不只有快乐,还有悲伤。两个心房,一个住着快乐,一个住着悲伤。须知,福兮祸依,得意不可张狂。你在笑的时候声音不要太大,那样会吵醒旁边的悲伤。

2. 问佛:为什么太阳西下,人的影子会变长?

佛说:影为阴,人为阳。光明与阴暗势如水火,此消彼长。当光明消逝,阴暗就会疯长。要让光明住在心中,使阴暗无处躲藏。

3. 问佛：为什么阴雨天里我总是心情不畅？

佛说：与天无关，那是你心里缺少阳光。心有旁骛，人就迷茫。

4. 问佛：我想改变性格，怎么寻找自己的榜样？

佛说：你就是你，人无一样。东施效颦，贻笑大方。做好自己，你就是榜样。

5. 问佛：人为什么会有烦恼？

佛说：世间无事，烦恼来自逞强。所求太多，心就无处安放。学会放下，心就向上。

6. 问佛：人生为什么会有那么多的遗憾？

佛说：心存遗憾，源自唯美。遗憾太多，心就痛楚，情亦感伤。懂得淡泊，神清气爽。君若不解，去看窗外的枯草衰杨。

7. 问佛：人为什么会孤独？

佛说：孤独是心灵的无依，是没有目标的迷茫。融入大家，友爱无疆。爱存灵魂中，心就生无量。

8. 问佛：人为什么哭着来到世上？

佛说：众生皆苦，苦行各行。此乃天定，决于上苍。苦做，行善，积德，天道咸扬。苦中作乐，笑就住在心上。

9. 问佛：什么是缘？

佛说：不可见，不可夺，剪不断，理还乱很绵长。是欢乐，是忧伤。注定冥冥中，犹如千丝网。爱恨情仇皆是缘，一生一世在身旁。

10. 问佛：什么是幸福？

佛说：幸福是感觉，身心皆要健康。无忧、无烦、不恼、不躁，洒脱，无灾，无妄。湖山观雨，月下徜徉。

11. 问佛：为什么天上星星众多却只有一个月亮？

佛说：星星是朋友，月亮是对象。人在世上不可孤独生存，需要更多的朋友来帮忙，朋友可以许多，但人只能有一个对象。是法度，是纲常。星月交辉，是最美的天象。

佛心慧语

星云法师影响一生的十句话：

1. 不做焦芽败种。

出家人如果不发心普度众生、广利人天，就如同焦败的种子。不做佛教的焦芽败种，激励我一定要做个有用的人，对佛门要发扬光大，对社会要有所贡献，才能蒙上天所赐。世上没有不劳而获的东西，人生之所以能有成就，来自父母、师长、亲朋的助缘很多，靠我们自己成就的很有限。

2. 你可以没有学问，但不能不会做人。

你不仅要知道读书，更要学以致用，尤其是做人。人难做、做人难，有些学者专家很有学问，但是在人情世故上则一窍不通。青年人之所以不会成功，乃在于话不会讲，或不知要讲好话。在现今的社会，人要有表情、音声、笑容，才会有人情味。除了读书学习外，努力做很重要。

3. 懂得感恩者，才会富贵。

一点头、一微笑、主动助人，都是无限恩典。父母、师长、亲朋的滴水之恩，要涌泉以报，接受的人生是贫穷的，感恩的人生才富贵。

4. 不要向别人要求什么，要问自己能给别人什么。

要想做个有用的人，如太阳一样，每天散发光与热给大家。与人相处要包容忍耐，我们的存在都是外在因缘的聚集，因此你要懂得回馈感恩。

5. 皆大欢喜。

与人相处做事，要皆大欢喜，宁可自己吃亏受委屈，也不要凡事只想到自己。

6. 心甘情愿。

凡事尤其是弘法利生，都要本着心甘情愿去做，不计较名利好处。因此做事要有原则，即使多么荣华富贵，也要忠于职守，心甘情愿淡泊过一生，不为外界所动。

7. 凡事不要生气，但要争气。

对自己的理想要坚持，不要受外界言语的影响而丧志，只要有心，终有一天你会完成所愿。

8. 你可以不信佛祖，但不能不信因果。

"欲知前世因，今生受者是；欲知来世果，今生做者是。"恶有恶报，善有善报，因果是很现实的，人都活在现实中，怎么可以没有因果观念？

9. 你什么都可以失去，但不能失去慈悲。

一个人在挫折、磨难、灰心、困惑之时，如果保有一颗慈悲的心，将来一定会有办法。

10. 我可以什么都没有，但不能没有信仰。

信仰是人生的目标、轨道，有了信仰人们可以找到自己，发觉自己。

蕙质兰心

淡泊的人生，如一株幽兰，静静地生长，默默地开放。开花不为与百花争艳，只为不辜负宝贵的生命。远离尘世的喧嚣，独居幽处而不寂寞，与世无争又不孤芳自赏。无论你看与不看，花都在那里，不悲，不喜。做人如兰，烦恼和忧愁就会随风飘散，幸福和快乐就会到处弥漫。

修炼，就是借完善自己抵达幸福

同行

每一个走进你生命的人，都不是偶然。

缘分，并非是上天简单的安排，而是一种个性上的吸引力。人人都是神秘的磁场，吸引相似气质的同伴。遇到什么样的人，侧面印证着你是什么样的人。

有时，忙碌的初衷只是为了心的满足与幸福，灵魂有时也会在追逐中疲惫，人一旦疲惫，情绪就会导致心理的失衡。所以外境好坏并不是苦乐的根源，真正的始作俑者是我们的心。

修炼，就是借完善自己抵达幸福，借宽容别人而淡化痛苦。想开了自然微笑，看透了肯定放下。放下了贪念、看淡了得失，才有闲心品尝幸福。

每一个走进你生命的人，都不是偶然，了悟时，你的心将会懂得与谁同行！

散淡的日子

今晚来到一位老友的山居，她的四合院透出一股优雅娴静的诗意，真心喜欢这种格调。

人与人之间就是一种缘分，心与心之间就是一种交流，爱与爱之间就是一种感情。人生就是这样一种交往，人人都有自尊，人人都有苦衷，人人都有自己的想法、做法、活法。理念不同，做法不同，活法就不同。

花开一季，人活一世，乐天随缘一些，就会轻松自在一些。冲动来自激情，平静来自修炼。

宇宙之见

人如何超越自我的局限性而知晓宇宙之博大，以一首小诗来展开洞见，以觉悟者的视野来引领我们的认知发展。

禅
就是要以整体性去看待
世界宇宙的一切
禅的修行最重要的是
打破自我的偏见与分别心
从个人的立场
转变为全时空的融入
去体验生命的意义

如果宇宙像一棵树，由种子慢慢发芽逐渐长大，有根、有干、有叶、有果地继续往四面八方生长成完整一棵树。

我们对于宇宙的认识，就像一只处身于树干之中的扁平虫一样，看到的只是一个平面角度。树的纹路就像是星系，而我们立足于其中的一点望去所看到的纯属偏见，却误以为是全部。

虽然我们很努力地运用智慧想从既有的素材去想象宇宙是什么，但我们所能掌握的只是树中间的片面纹路而不是全树，故不能获得真知。要得知"全树"的真理，运用有限的知识是不可能的。

2500多年前，古印度的觉悟者"佛陀"曾经说：人由于无知，误以为这个由肉体和心灵所构成的身心是个完整的自我，他一生的一切行为都以这个"我"来做考量，他的观念也都是站在这个自我的立场去坚持片面的是非观，于是他有了一己之私的分别心，因而痛苦便产生了。

宇宙是一团不可分割的整体物质，生命和人类的智慧也如同光、电、磁的转换，只是片面的一时现象，如同一刹那的波浪，而后将恢复还原为大海的基态。

自古以来，人被教育成习惯一个角度去思考一切事物。人应以最宏观的思维，时空内外左右上下六合的角度去看清事物最可能的本质。

我们不只是我们自己，我们是整体之一。就像我们可以截取一棵树上的任何一段树枝来插枝培育成另一棵属性完全一样的树。原本的这棵树上的任何枝干、任何一部分都隐藏有整棵树的完整本质，没有哪一部分有丝毫遗落……

人处于宇宙之中，因而一个人也包藏了整个宇宙的真理，只是我们自己尚未知晓。

修行在心

心，是个模糊、不确定的名词。加一个善就是善心，加一个恶就是恶心，加上菩提就是菩提心，加上烦恼就成了烦恼心。心，加上不同的名词，就成不同的心。

修行用功，不只是一种形式，还要从放下、不执著的角度来实行。就像我们必须了解吃素不代表修行,只是修行的助缘而已。

"善、恶在一念间"依佛法的究竟义来说,一切万法唯心所造。因此,修行,不在外表与事相上,而是要开发自己的本性内在的智慧,远离分别与执著,也才谈得上"修行"。

如果

佛曰:命由己造,相由心生,世间万物皆是化相,心不动,万物皆不动;心不变,万物皆不变。

不清楚为什么而忙,就会无所作为浪费时光。

没有大事可做,就会在小事上纠缠不休而忘了前行。

心中没有梦想,就会把蝇头小利当成追逐的对象。

你若不能成为心灵的主人,就会沦落为外在情物的奴隶。

耐烦

耐烦,是修行的第一步,也是做人处世的首要条件。

念佛的人,经年累月,时时刻刻,分分秒秒,不曾离开一句阿弥陀佛。

苦行的人,穷一生之力,早晚诵经、禅坐也不会感到无所事事。因为他耐烦,一以贯之,非要念出自性弥陀,见到自己真如佛性不可。因为他能够这样耐烦,所以修行能够成就。

耐烦,表现在外,是低头下视;蕴藏于心,是沉着默照。耐烦的人,能够包容一切人事物境的纷攘,不怕干扰。耐烦的人,能够观照内心的杂念妄想，消融烦恼。

因此，无论在什么时候，做人要耐烦，才能有人缘；做事要耐烦，事业才能成功。

静心

不要去幻想生活全是春天，每个人的一生都注定要跋涉坎坷，品尝苦与乐。

人生就是从一个梦想走向另一个梦想，从一个遥远走向另一个遥远。

不要用烦恼解释生活，原谅生活中的不完美，学会以入世的态度去耕耘，以出世的态度去收获，苦乐随缘，得失随缘，这也是随缘人生的最高境界。

心愈不知足，就愈难修行，任何一种不能满足的想望都会使内心混乱，使情况变得更糟。

除非我们有知足的心，否则修行会徒劳无功，我们的修行会愈来愈差，而心也会愈来愈不知足。

任何事情，只要我们认真去做，就一定可以做好。

如果我们总是不知足，不知足就会变成一种习惯。

用心养花，花花皆是芬芳；用心烧菜，菜菜皆是美味；用心做人，人人皆是好人；用心交友，友友皆是贵人；用心爱人，人人皆是亲人；用心做事，事事皆是好事；用心念佛，念念皆是功德；用心学法，法法皆可明心；用心参禅，禅禅皆可见性。

降伏自心，心魔皆可净除；善用其心，无心却也有心。

🐌 三大幸福的实修

1. 爱自己。

接纳自己，接纳自己当下的一切际遇和存在，无论是成功还是困顿，无论是顺利还是阻碍，这是第一个基础。

2. 改善与你父母的关系。

这意味着有爱心，服侍、尊重你的父母。如果你观察你的生命，整个宇宙都参与其中。你的父母以特定的方式行动。他们的行为取决于他们的前世，他们是如何受孕的……他们是无助的。你没有权利去评判他们，你必须接纳他们本来的样子。你必须爱他们，服侍他们，尊重他们。当你这么做时，你们的关系就会改善。当你没有评判时，关系就会改善，心就会绽放。当你的心绽放，它就会与地球的心同步。当这两个同步时，你就会拥有健康的身体，美好的事物就会发生在你身上，恩典就会流动。

3. 发现你心的渴望。

渴望是好还是坏？有些人说渴望是好的，有些人说渴望是不好的。2500多年前，佛陀放弃了欲望，放弃了他的王国，苦修，得到开悟。他给世界的信息是，欲望是受苦的根源，放弃欲望。佛陀实际上有两个陈述。心的渴望是完全没问题的，而头脑的欲望必须放弃。你的渴望必须发自于心，而不是欲求的比较。

三层境界

人生有三层境界:求、缘、舍。

第一层:求。

活在物质世界里,一辈子被物质假象迷惑,全部精力追求财富名利欲望,身体消亡那一刻也没弄明白为何而来,回归何处。大部分人活在这个层。

第二层:缘。

开始了舍外求内,逐步脱离部分物质控制,有意识地选择放下一些,开始回归到身体本质层面,明白身体是修行的根基,开始爱自己,花精力去修复还原自我的身体和心灵!这些人已经懂得回归生命,进入本源!

第三层:舍。

上升到灵性境界,此阶段终于悟到一切遇到的人,一切创造的事,一切经历的情,都是为了帮自己完成这一世的修行圆满,没有好与坏,没有对与错,看清了自己经历的一切痛苦都来自头脑的判断分别,这个世界本是一个幻象!人再也不为一切所困扰,没有了执著、痛苦,懂得调控情绪,意识与身体逐渐完整合一,体会到了所谓真正的幸福和快乐所在,心灵成长,得大自在,到达人生最高能量层。

谁对谁错，万般皆是因果

五味杂陈

世上每个人其实都是和自己独处，并非都需要融入彼此的内心，也无须走进谁的生命里。

宁静应该是一种修心的方式，然而，现实总是事与愿违。从来不喜欢喧闹的人，却一直置身于喧嚣。五味杂陈的心事，不能沉淀下来的浮躁，都是一种心态的体现。人只有安静下来的时候，才能冷静客观。心静了，一切自然清晰，看问题的角度也自然深刻。宁静，正如陈年收藏的古董，越是经过时光的沉淀和打磨，越是年代久远就越有价值，就越能存储内涵，磨砺心智。

不走近纷扰，安心做好当下的每一件事情，才能自在清闲。一切的一切，不必追究谁对谁错，万般皆是因果。

因缘果报

人们不会因为天气变化而焦躁不安，那是因为我们知道天气是无常的。当我们预期一切事物皆是无常时，或许我们内心会更宁静和淡定。

人们常说"随缘"。随缘不是什么都不做只等事情的发生，随缘也不是不看结果。任何的结果都不是我们可以控制的，我们可以控制的只是变量，也就是因。当我们在因上做了自己一切能做的，结果就已经确定。无论你是焦急兴奋还是沮丧不安,所有结果的好坏都不受制于你的心情,而是受你之前的那些行为决定。

有句话说,菩萨畏因,众生畏果。我们都是众生,只怕恶果,但却不知恶果起缘恶因,菩萨有智慧,戒慎于初。我们应该开始考虑更努力地关注当下的缘起,积极种下善因,至于结果会如何,不是我们能决定的,也就不要去做无谓的担心。

顺逆之间

人生无常,难免会有时顺境、有时逆境,我们要学会转逆境为顺境。

压抑的时候,换个环境呼吸;困惑的时候,换个角度思考;走不通的时候,路旁边还有路;无须解释时,沉默是金。

绝不要在坏情绪来的时候冲动地做任何决定,因为这可能会让你后悔一生。

没有过不去的坎,其实,最高处的天很蓝,最远处的路更宽。

轮回就是让我们明白自己的命运,因果就是让我们掌握自己的命运。

人一生中,有快乐也有痛苦,有顺利也有不顺利。

遇见问题,能够从因果轮回的角度看待,知道怎么面对事情,怎么解决问题,你就不会患得患失、提心吊胆,于是心就稳定下来。

能正确地认识这一切,才能掌握这一切。

因缘

人这一辈子,机遇难同,因缘各异,一帆风顺也好,跌宕起伏也罢,还是平淡普通,都是自己的命运。

属于自己的风景,从来不曾错过;不是自己的风景,永远只是路过。天地太大,人太渺小,不是每一道亮丽的风景都能拥有。

那些走过的,偶遇的,相逢的,别离的,都是唯一。无论处于何种境地,都不要抱怨世态,不能放弃底线,不必嫉恨他人。

不贪,欲念就少;不嗔,心就易平;不求,就常知足。遇上了,请珍惜;别过了,道珍重。

培福积慧

福慧简解:能付出爱心就是"福",能消除烦恼就是"慧"。古人云:"修慧不修福,罗汉托空钵;修福不修慧,象身挂璎珞。"福慧要双全,缺一不可。

量子力学告诉我们,世界很奥妙,有无数个时空,无数个维度,在不同的维度空间都有现在的一个你。同样,在其他维度中的你任何变化也会影响现在的你,这就是全息,相互影响。

因果轮回理论也说,要知过去因,今生受者是;要知未来果,今生做者是。你现在的境遇源自前生福与慧的程度,而现在开始积福求慧,就是创造你的未来,这就是因果。

小时候听过的故事里的小和尚

🐌 莲花静开

  一个耐人寻味的小故事特别想与友人分享，它让人心静而敞亮。故事是这样开始的：老师父分给本、静、安每人一颗古老的莲花种子，"这是几千年前的莲花种子，非常珍贵，你们去把它种出来吧。"拿到种子后……

"我要第一个种出来！"本想。

"怎样才能种出来呢？"静想。

"有一颗种子了。"安想。

本跑去寻找锄头。

静想要挑出最好的花盆。

安把种子装进小布袋里，挂在自己的胸前。

本把种子埋在雪地里。

静去查找种植莲花的书籍。

安去集市为寺院买东西。

等了很久，本的种子也没有发芽。

等不到种子发芽的本愤怒地刨开地，摔断锄头，不再干了。

"我一定会种出千年莲花的。"静想。

静将选好的金花盆搬来，放在最温暖的房间里。

安接着清扫院子中的积雪。

静用了最名贵的药水和花土，

小心地种下了种子。

安和以前一样做着斋饭。

静的种子发芽了。

静把它当成宝贝，

用金罩子罩住它。

清晨，安又早早地去挑水了。

静的小幼芽因为得不到阳光和氧气，

没过几天就枯死了。

晚饭后，安像往常一样去散步。

春天来了……

在池塘的一角，

安种下了种子。

不久，

种子发芽了。

安欣喜地看着眼前的绿叶。

盛夏的清晨，

在温暖的阳光下，

古老的千年莲花轻轻地盛开。

想一想、再想一想，我们有没有得到过"千年莲花的种子"？

有，当然有。我们日夜都在马不停蹄地追逐一些"珍贵"的东西，仿佛所有的人都希望以最快的速度达到各种各样的目的。这时候，大自然的规律往往被撇在一边，我们甚至不会思考冬天是不是可以种花，只是一味想着"我要第一个种出来"、"怎样才能种出来"。生活的主题仿佛只是追逐，我们不知道有多久没有去散步了。

　　在这急功近利的社会中，安的那份平和的心境，宛如一潭清澈平静的水，是多么难得。一天天长大的孩子啊，你总有一天也会得到"千年莲花的种子"，会为了各种"珍贵"的东西日以继夜、马不停蹄。可是，无论如何，希望你记得安——这个你小时候听过的故事里的小和尚，记得他感激地把种子装进小布袋里、挂在胸前；记得他从容地去买东西、扫雪、做斋饭、挑水；记得他悠悠然散步的样子。他告诉你，要怀着希望、有所追求，但一定要淡定、顺其自然；同时，享受生活的过程，享受那些平凡琐碎的小事，享受等待。

　　祝福所有看到这个故事的大人和孩子！

花开花落

　　曾经有一个小和尚，极得方丈宠爱。方丈将毕生所学全数教授，希望他能成为出色的佛门弟子。没想到他在一夜之间动了凡心，偷偷下了山，五光十色的城市迷住了他的眼睛，从此花街柳巷，他只管放浪形骸。

　　20年后的一个深夜，窗外月色如洗，澄明清澈地洒在他的掌心。他忽然忏悔，披衣而起，快马加鞭赶往寺里请求师父原谅。方丈深深厌恶他的放荡，不愿再收他为弟子，说："你罪孽深重，必堕阿鼻地狱，要想佛祖饶恕，除非桌子上开花。"浪子失望地离开了。

　　第二天，方丈踏进佛堂时，看到佛桌上开满了大簇大簇的花朵。方丈在瞬间大彻大悟，连忙下山寻找弟子，却为时已晚，心灰意冷的浪子又堕入荒唐的生活，而佛桌上的那些花朵只开放了短短的一天。是夜，方丈圆寂，临终遗言："这世上，没有什么歧途不可以回头，没有什么错误不可以改正。"

　　一个真心向善的念头，是最罕有的奇迹，好像佛桌上开出的花朵。而让奇迹陨灭的，不是错误，是一颗冰冷的、不肯原谅、不肯相信的心。

人生如茶，空杯以对

　　对于所有人来说，空杯心态是一个必然的过程，纵使你曾经拥有过多么辉煌的荣耀。"空"是人生的最高境界。只有空的杯子才可以装水，空的房子才可以住人。每一个容器的利用价值在于它的空。空是一种度量和胸怀，空是有的可能和前提，空是有的最初因缘。佛经里有"一空万有"和"真空妙有"的禅理。人生如茶，空杯以对，就有喝不完的好茶，就有装不完的欢喜和感动。

心灯

　　世间为何有那么多遗憾？

　　佛曰：这是一个婆娑世界，婆娑既遗憾，没有遗憾，给你再多幸福也不会体会快乐。

佛曰：忘记并不等于从未存在，一切自在来源选择，而不是刻意。不如放手，放下的越多，越觉得拥有的更多。

失去与永远

1. 失去的东西，有必要去追讨吗？

活佛：失去的东西，其实从未曾真正地属于你，不必惋惜，更不必追讨。

2. 如何理解永远？

活佛：人人都觉得永远会很远，其实它可能短暂得你都看不见。

3. 失去了便不去痛惜，每一刻的珍重才筑就了真正的永远。学习做一个简单的人，平和而坚强，柔软而无畏。

佛性

1. 人不一定信佛，但一定要有佛性，佛性即"自觉"和"觉他"的德行。

2. 佛性，最讲一个"善"字；禅境，最讲一个"淡"字。

3. 用佛待人，自己即佛；用佛性悟人，人可兼佛。

4. 善心，点亮心灯；慧心，使心灯长明。

5. 善良的人，往往可以逢凶化吉；觉慧的人，常常可以化险为夷。

6. 社会，向善的人越多就越和谐；人生，感恩的心越多就越美好。

7. 不说他人长短,不念他人恩怨,是善心;时刻诚心待人,日夜专心做事,是懿行。

8. 心地善良的人,容貌一定动人;心里知足的人,生活一定快乐。

9. 贪欲是痛苦之根,淡泊是快乐之源。

10. 待人要有平等心,对己要有平常心。

跋
见自己即是见众生

男人喜欢摆弄世界，女人喜欢收拾自己。

当男人摆弄不动世界时，世界也就不喜欢他了，所以他也就走了。

男人几乎都没有应付自己的本事，当他真正地面对自己时，大多像海子。固然可以写下"面朝大海，春暖花开"这样的诗句，但在内心他还是不会相信自己是属于大海、属于春天、属于花朵的。

这是身为男人的绝望处。

女人的那个自己，从她出生的那一天起，就从来没有远离过她。一个女人远离了她的那个自己，是非常可怕的一件事；而一个女人之所以优秀，就是天天都在收拾自己。

读着安馨平女士的这部雅集时，我会惊讶于一个女士可以将自己的内心收拾得如此整洁。

说收拾，可以用日本设计大师佐藤可士和的术语来注解，叫超级整理术。大意是：将一个环境整理得特别干净，就是设计的本意，就会有一种震撼人心的东西存在。

收拾自己，我想就是让自己不乱的意思，让生活的每件事都各归其位。一个人在当今世界上，能够内心不乱，日日如此，确实有一种震撼人心的东西存在。细想起来：里面确有大海，有春天，有花朵。

收拾就是修行。安女士的另一本书《在生命剧场中修行》可以说是这本书的前奏。

觉悟者照见自己，也就照见了天地，照见了众生。

天蓝水清。

这是一本适合如我等之众生在雾霾之天读的书，无论这雾霾起于何处。

战略咨询顾问 学者 占鸿鹰